Italian Short Stories for Advanced (C1) Skill Level

Italian Reading Practice

Written By: Sebastian D. Cutillo

No part of "Italian Short Stories for Advanced (C1) Skill Level: Italian Reading Practice" by Sebastian D. Cutillo may be reproduced, stored in a retrieval system, or transmitted in any form or by any means, whether electronic, mechanical, photocopying, recording, scanning, or otherwise, without the prior written permission of the publisher.

© 2024 Sebastian D. Cutillo

Table of Contents:

L'arte dell'inganno	1
L'ultima Lettera	8
Una Questione di Tempo	14
Il Prezzo della Libertà	21
Riflessi sull'Acqua	29
La Promessa Dimenticata	36
Sotto la Superficie	43
L'Influenza delle Ombre	50
Una Stanza Tutta per Sé	57
Il Suono del Silenzio	64
Il Bivio	71
Il Peso dei Segreti	79
L'Ultimo Viaggio	86
Le Maschere che Indossiamo	94
Le Cronache del Cambiamento	102
Un Nuovo Orizzonte	109
L'Esperimento dell'Empatia	117
Il Giardino delle Possibilità	125
I Legami che Uniscono	132
L'Effetto Specchio	140
L'Intruso	147
Il Linguaggio dei Fiori	156
L'Effetto Domino	164
I Segreti che Custodiamo	171
Il Confine della Ragione	179
Il Mentore Inaspettato	186
L'Ombra del Dubbio	194
Il Viaggio Interiore	201
Il Potere del Perdono	209
Il Tessuto del Tempo	217

L'arte dell'inganno

La luce soffusa delle lampade della galleria metteva in risalto i meticolosi tratti di pennello sulla tela, creando un'illusione di autenticità che solo un occhio esperto poteva cogliere. Julia Hartman si trovava di fronte alla sua ultima creazione, un perfetto falso di un'opera di un celebre pittore. Era il suo miglior pezzo fino ad ora, una danza intricata di colori ed emozioni che, secondo lei, catturava l'essenza stessa dell'originale.

Da anni, Julia viveva nell'ombra del mondo dell'arte, alimentando il brivido dell'inganno. Ogni falso che creava era una prova della sua abilità, ma rappresentava anche un rischio costante. Stasera, tuttavia, il suo cuore batteva veloce per l'emozione: la prestigiosa Galleria Van der Meer stava per ospitare una mostra esclusiva con le sue opere, un evento che poteva o elevarla a nuove vette o far crollare il suo mondo.

Man mano che gli ospiti iniziavano ad arrivare, vestiti nei loro abiti più eleganti, Julia provava un misto di eccitazione e ansia. Tra loro c'era Gregory Albrecht, un noto collezionista famoso per i suoi affari spietati e per un'insaziabile sete di arte di alto valore. La sua reputazione lo precedeva, e le voci sui suoi metodi inflessibili facevano rabbrividire persino gli artisti più esperti.

Con il passare della serata, Julia si mescolava agli ospiti, nascondendo con un sorriso il nervosismo che sentiva dentro. Faceva in modo di rimanere vicino al suo quadro, pronta a difendere il suo lavoro se qualcuno avesse osato metterne in dubbio l'autenticità. Quando Gregory si avvicinò a lei, con i suoi occhi azzurri che la scrutavano, Julia provò un brivido di paura.

"Questo pezzo," iniziò, indicando il quadro, "è squisito. Vedo l'influenza dell'artista originale, ma c'è qualcosa... di diverso."

Il cuore di Julia accelerò. "Ho cercato di fondere il loro stile con la mia interpretazione. L'arte è, dopotutto, un dialogo tra l'artista e il pubblico," rispose, con una voce ferma nonostante il tremore nelle mani.

Gregory la studiò per un momento, un sorriso enigmatico apparve sul suo volto. "Hai sicuramente un modo di parlare affascinante. Dimmi, cosa ti ispira?"

Prima che potesse rispondere, lui si concentrò sul quadro, avvicinandosi per esaminare i colpi di pennello. Julia trattenne il respiro, pregando che non scoprisse la verità. Quando si allontanò, un bagliore di interesse attraversò il suo volto. "Ho la sensazione che tu sia destinata a grandi cose, Julia. Ma fai attenzione: il mondo dell'arte può essere un luogo insidioso."

Con il progredire della serata, Julia sentì il suo sguardo su di lei, un inquietante promemoria dei rischi legati al suo inganno. Aveva imparato da tempo a navigare nelle complessità del mondo dell'arte, ma Gregory era una razza a sé, un predatore che si nascondeva nelle ombre.

Proprio quando la serata sembrava essersi stabilizzata in un ritmo confortevole, Julia ricevette un messaggio che le fece gelare il sangue nelle vene. Era il suo contatto nel mercato nero, che la avvertiva che Gregory stava indagando sul suo passato. Il panico le attraversò le vene; se lui avesse scoperto la verità, tutto sarebbe andato in rovina.

Determinata a proteggere il suo segreto, Julia fece un respiro profondo e si allontanò dalla folla. Aveva bisogno di un piano. Guardò intorno, individuando un'uscita posteriore che conduceva al vicolo dietro la galleria. Un momento di chiarezza la colpì: avrebbe affrontato direttamente Gregory e tentato di negoziare una via d'uscita da quella situazione.

Radunando il coraggio, Julia attraversò il corridoio poco illuminato, il cuore che le batteva nel petto. Quando entrò nel vicolo, trovò Gregory appoggiato al muro, con un bicchiere di vino in mano, l'atteggiamento casuale ma predatorio.

"Julia," disse, un accenno di divertimento nella voce. "Speravo di trovarti da sola. Sei davvero una talentuosa artista, non è vero?"

"Cosa vuoi, Gregory?" chiese, cercando di mantenere la voce ferma nonostante la paura che la divorava dentro.

"Sono affascinato dal tuo lavoro," rispose, stringendo gli occhi. "Ma non riesco a scuotermi di dosso la sensazione che ci sia di più nella tua storia. Perdonami la curiosità, ma ho sentito parlare di falsi in città. Mi chiedo se il caro proprietario della galleria sia a conoscenza dei tuoi... talenti."

Julia sentì il polso accelerare. "Sono solo un'artista che cerca di farsi un nome," disse, cercando di deviare il suo scrutinio. "Quello che vedi qui è tutto legittimo."

"Legittimo?" Gregory rise sommessamente, il suono riecheggiò tra le pareti del vicolo. "La linea tra legittimo e falso è così sottile, non credi? Soprattutto quando ci sono di mezzo i soldi."

Rendendosi conto di essere all'angolo, Julia decise di cambiare argomento. "E se potessimo fare un accordo?" propose, la mente che lavorava freneticamente. "Hai sicuramente un occhio per l'arte di valore. Potrei creare un pezzo esclusivamente per te, qualcosa che innalzerebbe la tua collezione."

Gregory sollevò un sopracciglio, incuriosito. "Un pezzo esclusivo, dici? E quale garanzia ho che non lo rivenderai da qualche altra parte?"

In quel momento, la mente di Julia corse veloce. Doveva convincerlo che lei era preziosa per lui, che il suo lavoro valeva più dei suoi errori passati. "Posso offrirti le mie abilità—la mia capacità di creare arte che tocca le persone," disse. "In cambio, potrai tenere il mio segreto. Avrai un pezzo unico che nessun altro potrà reclamare, e io rimarrò nell'ombra dove prospero."

Gregory la studiò per quella che sembrava un'eternità, ponderando le sue opzioni. "Hai certamente un modo con le parole, Julia. Ma se accetto, devi capire che mi aspetto piena lealtà. Se mi tradisci, le conseguenze saranno terribili."

Con un cenno, Julia sentì che la tensione tra loro cambiava. Avevano stretto un'alleanza precaria, costruita su inganno e paura. Mentre rientravano insieme nella galleria, Julia sapeva di essere entrata in un gioco pericoloso. Ma per il momento, si era guadagnata del tempo, e forse anche l'opportunità di reinventare il suo futuro.

Nelle settimane seguenti, Julia lavorò instancabilmente al suo nuovo progetto, riversando anima e cuore sulla tela. Mentre dipingeva, rifletteva sulle complessità delle sue scelte e sul fragile equilibrio che manteneva. L'arte dell'inganno era un percorso pericoloso, ma l'aveva condotta a opportunità inaspettate.

La notte dell'inaugurazione si avvicinava, e l'ansia di Julia aumentava. Si trovava di fronte alla sua creazione, un pezzo straordinario che racchiudeva il suo viaggio—una fusione di luce e ombra, speranza e disperazione. Mentre si preparava a presentarlo a Gregory e a un gruppo scelto di appassionati d'arte, sentì un rinnovato senso di scopo.

Quando arrivò finalmente il momento, Julia si rivolse al pubblico, il cuore che le batteva forte. "L'arte non è solo quello che vedete; è la storia che vi sta dietro," iniziò, la voce ferma. "Ogni pennellata contiene un pezzo dell'anima dell'artista."

Mentre la folla ammirava il suo lavoro, Julia sentì una scarica di fiducia. Si rese conto che, nonostante l'inganno che l'aveva portata lì, aveva il potere di plasmare la sua stessa storia. Poteva forgiare il suo cammino, unendo le sue abilità con onestà e integrità.

Mentre esplodevano gli applausi, Julia incrociò lo sguardo di Gregory. Lui sorrise, ma in quel momento vide un barlume di qualcos'altro—una comprensione che le loro strade erano intrecciate, ma che ora era lei a decidere il suo percorso.

L'arte dell'inganno l'aveva condotta a un punto di svolta, ed era pronta ad abbracciare la luce che emergeva dalle ombre.

Vocabulary List

Italian Word	English Translation
inganno	deception
galleria	gallery
luce	light
opera	work
artista	artist
pennellata	brushstroke
emozione	emotion
verità	truth
prestigiosa	prestigious
abito	attire
collezionista	collector
legittimo	legitimate
rischio	risk
mente	mind
alleanza	alliance
oscurità	shadows
incontro	meeting
destino	destiny
reputazione	reputation
paura	fear

Questions about the Story

1. What is Julia Hartman known for?
   a) Her forgeries
   b) Her gallery management
   c) Her authentic art pieces

2. How does Gregory Albrecht feel about Julia's painting?
   a) He immediately recognizes it as a fake
   b) He finds it unremarkable
   c) He senses a difference in style

3. What does Julia do when Gregory scrutinizes her work?
   a) She admits her forgery
   b) She answers calmly despite her fear
   c) She leaves the gallery

4. Why does Julia meet Gregory in the alley?
   a) To negotiate and protect her secret
   b) To discuss her artwork privately
   c) To escape the gallery

5. How does Julia feel at the end of the story?
   a) Regret for her actions
   b) A sense of control over her life
   c) Fear for her future

Answer Key

1. a
2. c
3. b
4. a
5. b

L'ultima Lettera

Margaret sedeva nella luce fioca del suo studio, circondata dall'odore dei libri antichi e dei ricordi. Erano passati sei mesi dalla morte di William, lasciandole un vuoto nella vita che sembrava insormontabile. Ogni giorno le sembrava una lotta, un tentativo di navigare in un mondo che si era improvvisamente capovolto senza di lui. Trovava conforto nella routine quotidiana—preparando i suoi piatti preferiti, curando il giardino che avevano coltivato insieme, e rannicchiandosi con un buon libro. Ma le sere erano le più difficili, quando il silenzio avvolgeva la casa, echeggiando dell'assenza della sua risata.

Un pomeriggio piovoso, mentre stava riorganizzando una libreria, Margaret trovò una vecchia scatola coperta di polvere nascosta in un angolo. Curiosa, la aprì, rivelando un tesoro di lettere legate insieme con un nastro sbiadito. Le lettere erano ingiallite dal tempo, alcune piegate e logore, chiaramente piene dei segreti di una vita passata. Il suo cuore accelerò quando realizzò che erano scritte da William.

Con mani tremanti, sciolse con cura il nastro e iniziò a leggere. La prima lettera era datata molto prima del loro matrimonio, un periodo in cui William stava ancora cercando la sua strada nel mondo. Parlava di sogni e ambizioni, del suo desiderio di avventura e del peso delle aspettative che sentiva quasi insopportabili. Ogni lettera offriva uno scorcio nei suoi pensieri, desideri e paure.

Man mano che leggeva, Margaret si trovava immersa nel mondo di William—un mondo che credeva di conoscere intimamente. Lui scriveva di amicizie che lo avevano plasmato, di momenti di fallimento che lo perseguitavano e delle silenziose battaglie che affrontava dentro di sé. In una lettera, descriveva un'amicizia tumultuosa con un altro artista che si era conclusa in dolore, lasciandogli cicatrici che non aveva mai rivelato completamente.

Margaret si fermò, sentendo un'ondata di tristezza. Aveva sempre creduto che la loro vita insieme fosse aperta e onesta, eppure qui c'erano frammenti di William che non aveva mai intravisto. Continuando a leggere, scoprì lettere che parlavano del suo amore per lei in modi che lui non aveva mai espresso durante i loro anni insieme. In una nota particolarmente commovente, scriveva: "La tua risata è la mia melodia preferita, e la tua presenza è la calma nella mia tempesta."

Le lacrime le rigavano il volto mentre realizzava che, nonostante il loro amore fosse stato profondo, c'erano pensieri e sentimenti inespressi che erano rimasti sepolti. Nelle sue parole trovava conforto, ma anche un senso inquietante di rimpianto per le conversazioni che non avevano mai avuto.

L'ultima lettera era datata solo poche settimane prima della sua morte. Il cuore di Margaret battè più veloce mentre la apriva, ansiosa eppure desiderosa di scoprire i suoi ultimi pensieri. La lettera era diversa dalle altre. Iniziava con una scusa per le cose non dette, per i momenti che aveva lasciato sfuggire. William esprimeva la sua paura di non essere stato abbastanza per lei, di non averle dato la vita che aveva immaginato. La sua vulnerabilità era cruda e destabilizzante.

"Margaret," scriveva, "se stai leggendo questo, significa che non sono più al tuo fianco. Voglio che tu sappia che il mio amore per te è stato incrollabile. Hai reso la mia vita più ricca di quanto avessi mai immaginato. Mi dispiace di non aver condiviso di più di me con te, ma spero che tu possa perdonarmi per il silenzio che ho mantenuto. Vivi pienamente, amore mio. Non lasciare che le ombre della mia assenza ti trattengano."

Mentre leggeva quelle parole, Margaret sentì un'ondata travolgente di emozioni scorrerle addosso. Era come se William fosse proprio lì accanto a lei, la sua presenza palpabile attraverso l'inchiostro sulla carta. Il dolore della sua perdita si mescolava a un profondo senso di comprensione e amore che trascendeva la sua assenza.

Margaret fece un respiro profondo, chiudendo gli occhi mentre rifletteva sulla vita che avevano costruito insieme. Sentiva una chiarezza emergere dalle profondità del suo dolore. Le lettere avevano rivelato non solo i lati nascosti della vita di William, ma anche i suoi stessi desideri e sogni, oscurati dalla perdita. Era stata così consumata dal suo dolore da dimenticare di onorare l'amore vibrante che avevano condiviso.

Nelle settimane seguenti, Margaret si sentì ispirata dalle parole di William. Cominciò a esplorare le sue passioni—riprendendo a dipingere, un hobby che entrambi avevano amato, e facendo volontariato al centro comunitario locale, connettendosi con gli altri in modo significativo. Le lettere le avevano dato il coraggio di abbracciare di nuovo la vita, per onorare la memoria di William vivendo pienamente.

In una sera tranquilla, mentre stava davanti al suo cavalletto con il pennello in mano, sentì una pace interiore. I colori danzavano sulla tela, riflettendo la luce della sua nuova prospettiva. Con ogni pennellata, versava il suo cuore nell'arte, trasformando il suo dolore in una celebrazione d'amore.

Margaret sapeva che le lettere di William erano state un dono, un ultimo messaggio che la esortava ad abbracciare la vita nonostante il dolore. E mentre dipingeva, poteva quasi sentire la sua voce, un sussurro di incoraggiamento che la guidava verso il futuro. Aveva scoperto il potere delle parole, non solo come mezzo di comunicazione ma come ponte che collegava i cuori, trascendendo persino i confini della vita e della morte.

In quel momento, Margaret sorrise tra le lacrime, pronta a continuare il suo viaggio—uno in cui l'amore, la speranza e la creatività si intrecciavano per creare un bellissimo arazzo di vita. Le lettere avevano sbloccato una porta che pensava fosse chiusa per sempre, rivelando un percorso pieno di possibilità e il calore di un amore eterno.

Vocabulary List

Italian Word	English Translation
ombra	shadow
lettera	letter
vita	life
dolore	grief/pain
sorriso	smile
amore	love
rimpianto	regret
assenza	absence
dono	gift
sogno	dream
perdono	forgiveness
perdita	loss
comprensione	understanding
coraggio	courage
dipingere	to paint
luce	light
comunità	community
ricordo	memory
felicità	happiness
futuro	future

Questions about the Story

1. Where does Margaret find the letters from William?
   a) In a box on a bookshelf
   b) Under her bed
   c) In his study

2. What does Margaret realize about William as she reads his letters?
   a) He was always open about his feelings
   b) He had unshared thoughts and emotions
   c) He planned to leave the letters for her

3. What message does William leave for Margaret in his final letter?
   a) To live fully and not let his absence hold her back
   b) To continue their routines together
   c) To focus on her work and stay busy

4. How does Margaret feel after reading all of William's letters?
   a) Overwhelmed with sadness
   b) A mix of pain and understanding
   c) Angry about his secrets

5. What does Margaret do to honor William's memory after reading his letters?
   a) Moves away from their home
   b) Takes up new hobbies and helps others
   c) Writes letters to him

Answer Key

1. a
2. b
3. a
4. b
5. b

Una Questione di Tempo

Victoria Shaw era l'epitome del successo. A trentotto anni, aveva scalato i vertici di una prestigiosa azienda di marketing, ottenendo un ufficio ad angolo, uno stipendio sontuoso e il rispetto dei colleghi. Eppure, nonostante i suoi successi, sentiva un vuoto incolmabile, una persistente insoddisfazione che nessun traguardo sembrava poter riempire.

La giornata iniziava come qualsiasi altra, con il ritmo dei tasti e il mormorio delle conversazioni che echeggiavano negli eleganti uffici dalle pareti di vetro. Victoria era sommersa da rapporti e presentazioni, la mente in corsa tra scadenze e piani strategici. Ma mentre si preparava per una riunione cruciale, una strana sensazione la pervase—un momento fugace di déjà vu che la lasciò momentaneamente disorientata.

La sala riunioni era piena del suo team, i volti in attesa mentre Victoria iniziava la sua presentazione. Eppure, mentre parlava, tornò quel familiare senso di distacco. Gettò uno sguardo fuori dalla finestra, osservando la città animata sotto di lei, un mondo vivo di possibilità. In quel momento, un pensiero le attraversò la mente: era davvero tutto qui nella vita?

Proprio allora, il telefono dell'ufficio squillò, riscuotendola dalla sua riflessione. Era la sua assistente, Kelly, con una voce eccitata. "Victoria, devi vedere questo! Sta succedendo qualcosa di incredibile nel parco qui fuori. Non ci crederai!"

Nonostante il buon senso le suggerisse di restare, la curiosità prevalse e Victoria decise di uscire per un attimo. Mentre camminava per le strade affollate, provò una strana sensazione di liberazione. L'aria fresca le accarezzava la pelle e, per la prima volta da tempo, prese un respiro profondo, inalando il profumo dei fiori in fiore e del caffè appena preparato.

Giunta al parco, si trovò di fronte a una scena surreale: un festival vivace pieno di musica, risate e gente che ballava alla luce del sole. I bambini giocavano felici, mentre le coppie passeggiavano mano nella mano, spensierate e immerse nel momento. Victoria sentì un'irresistibile attrazione a unirsi a loro, a liberarsi del peso delle sue responsabilità e semplicemente esistere.

Mentre si aggirava tra la folla, un chiosco curioso attirò la sua attenzione—un vecchio con un cartello che recitava "Rivivi un Giorno, Cambia la Tua Vita." Incuriosita, si avvicinò, con il cuore che batteva tra scetticismo e speranza.

"Cosa significa?" chiese Victoria, guardando il chiosco con curiosità.

Il vecchio sorrise con aria sapiente. "Puoi scegliere un giorno della tua vita da rivivere. È un'occasione per confrontarti con le tue scelte e vedere come percorsi diversi potrebbero portare a risultati diversi."

Victoria sentì un'ondata di eccitazione mista a incredulità. "E qual è la condizione?"

"Nessuna condizione. Solo un momento nel tempo," rispose, con uno sguardo che trapelava attraverso la sua facciata. "Ma ricorda, affrontare il passato può essere difficile."

Senza capire completamente perché, acconsentì, scegliendo il giorno del suo venticinquesimo compleanno—

un'occasione piena di sogni e aspirazioni, prima che la carriera avesse consumato tutta la sua vita.

In un attimo, Victoria si ritrovò nel corpo della sua giovane sé, nell'appartamento modesto che condivideva con gli amici del college. L'atmosfera era carica di eccitazione mentre si preparavano per la festa. Le risate, la musica e il calore dell'amicizia la avvolsero, e per un momento, si sentì di nuovo viva.

Con lo scorrere della serata, Victoria assaporò la libertà e la gioia che una volta definivano la sua vita. Ballò liberamente, senza il peso delle scadenze e delle aspettative, e si immerse in conversazioni profonde e naturali. Ma sotto la superficie della nostalgia cresceva un senso di disagio.

Quando l'orologio segnò mezzanotte, i suoi amici si radunarono intorno a lei, gli occhi scintillanti di entusiasmo. "Qual è il tuo prossimo obiettivo, Victoria?" chiesero, desiderosi di conoscere i suoi sogni.

In quel momento, sentì il peso della sua vita attuale schiacciarla. "Voglio cambiare il mondo," rispose la sua giovane sé, piena di passione e convinzione. "Voglio creare qualcosa che abbia valore."

Ma il momento si trasformò rapidamente in un conflitto interiore. Sapeva dove l'avrebbe portata quella strada—una carriera consumata dall'ambizione, sacrifici infiniti, e un profondo senso di isolamento. Victoria osservava la sua giovane sé descrivere con entusiasmo piani per un'impresa sociale che aiutasse le comunità svantaggiate.

Improvvisamente, la sua giovane sé alzò lo sguardo, con un'espressione di incertezza sul volto. "Ma cosa succede se fallisco?"

La domanda restò sospesa nell'aria come un ospite indesiderato, e Victoria sentì il peso dei rimpianti della sua sé adulta. "Il fallimento è parte del viaggio," voleva urlare. "Non lasciare che la paura detti le tue scelte!"

Prima che potesse esprimere i suoi pensieri, la scena cominciò a svanire, e Victoria fu riportata alla sua vita adulta. Ma qualcosa era diverso—si sentiva motivata, come se le fosse stata concessa una seconda possibilità.

Tornata in ufficio, il brusio del luogo di lavoro le sembrava soffocante. Invece di immergersi nella solita routine, Victoria prese un respiro profondo e riunì il suo team. "Voglio proporre una nuova iniziativa," disse, con voce ferma e risoluta. "Una che si concentri sulla sostenibilità e sull'aiuto alla comunità. Abbiamo le risorse per fare una vera differenza, e voglio che le usiamo."

Il suo team si scambiò sguardi sorpresi, ma mentre continuava a parlare con passione del cambiamento che voleva vedere, le loro espressioni passarono dallo scetticismo all'entusiasmo. Era come se la sua convinzione avesse acceso qualcosa in loro, alimentando un senso di scopo condiviso.

Con il passare delle settimane, Victoria si dedicò alla nuova iniziativa. Si mise in contatto con organizzazioni locali, stringendo collaborazioni e creando programmi che offrivano supporto a chi ne aveva bisogno. Il senso di appagamento che aveva tanto cercato iniziava a riempire il vuoto che un tempo sembrava insormontabile.

Una sera, mentre passeggiava nel parco—ora pieno di vita—si fermò a riflettere. Il festival della sua esperienza le tornò in mente, un vivido ricordo della passione e della gioia che avevano alimentato i suoi sogni.

Con ogni passo, si sentiva più leggera, non più oppressa dal peso dei rimpianti. Victoria aveva imparato ad abbracciare il suo viaggio, comprendendo che le scelte che aveva fatto, buone o cattive, l'avevano condotta a quel preciso momento. Sorrise, provando un senso di speranza e possibilità per il futuro.

Nelle settimane successive, mantenne le connessioni che aveva creato, trovando gioia nella collaborazione e nelle storie delle persone intorno a lei. Ogni giorno divenne un'opportunità di crescita, un'occasione per ridefinire cosa significava per lei il successo—una vita misurata non dai titoli o dai riconoscimenti, ma dall'impatto che poteva creare.

Un pomeriggio, seduta nel suo ufficio, apparve un messaggio sullo schermo: un ex collega la invitava a una riunione. Con un nuovo senso di fiducia, accettò l'invito, pronta a riconnettersi e condividere il suo viaggio.

Per la prima volta da tanto tempo, Victoria provava una sensazione di pace. Capiva che la vita era una serie di scelte, ogni momento che plasmava il successivo. La possibilità di rivivere il suo compleanno aveva illuminato il suo percorso, rivelandole non solo il passato, ma anche il potenziale per un futuro più luminoso—uno pieno di scopo, connessione e l'incrollabile spirito di fare la differenza.

Vocabulary List

Italian Word	English Translation
successo	success
carriera	career
curiosità	curiosity
iniziativa	initiative
ambizione	ambition
scelte	choices
rimpianto	regret
squadra	team
opportunità	opportunity
impatto	impact
sostenibilità	sustainability
determinazione	determination
libertà	freedom
collaborazione	collaboration
scopo	purpose
sogno	dream
sfida	challenge
ispirazione	inspiration
passato	past
cambiamento	change

Questions about the Story

1. What is Victoria's position in the marketing firm?
   a) Top executive
   b) Assistant
   c) CEO

2. Where does Victoria go after her assistant calls her?
   a) To the park outside
   b) To her corner office
   c) To a meeting room

3. What is the purpose of the old man's stall in the park?
   a) To give advice on business
   b) To sell artwork
   c) To offer people a chance to relive a day

4. What does Victoria propose to her team upon returning to the office?
   a) A rebranding project
   b) A community outreach initiative
   c) A new business strategy

5. How does Victoria feel by the end of the story?
   a) She feels more isolated
   b) She feels regretful
   c) She feels a sense of peace

Answer Key

1. a
2. a
3. c
4. b
5. c

Il Prezzo della Libertà

La pioggia cadeva incessante sulle strade di ciottoli di Meridia, ogni goccia un promemoria del regime oppressivo che incombeva sulla città. Elena Vasquez stava alla finestra, osservando l'acqua accumularsi in pozzanghere, rispecchiando il tumulto nel suo cuore. Come attivista politica, aveva dedicato la sua vita alla lotta contro l'ingiustizia e la corruzione. Ma ultimamente, i rischi erano aumentati, e ogni decisione sembrava carica di pericolo.

Tutto era iniziato con una singola protesta—un evento organizzato per chiedere trasparenza al governo. Quella che doveva essere una manifestazione pacifica era rapidamente degenerata in caos quando le forze di sicurezza si erano scontrate con i manifestanti. Le immagini della brutalità si erano diffuse sui social media, accendendo un fuoco in Elena che non poteva più ignorare. Aveva sempre creduto nel potere della resistenza pacifica, ma la realtà della loro lotta la costrinse a riconsiderare i suoi metodi.

Dopo settimane di pianificazione, Elena e il suo piccolo gruppo di attivisti avevano ideato una strategia audace per sensibilizzare l'opinione pubblica: una serie di incontri clandestini in cui avrebbero discusso dei fallimenti del governo e delle sofferenze della gente. I rischi erano enormi; chiunque fosse scoperto rischiava l'arresto, o peggio. Tuttavia, l'urgenza della loro missione superava la paura che la attanagliava.

Quella sera, il gruppo si riunì in uno scantinato scarsamente illuminato, le cui pareti erano tappezzate di poster di famosi dissidenti e slogan rivoluzionari. L'aria era carica di attesa e un accenno di disperazione. Elena si trovava di fronte a loro, con il cuore che le batteva forte mentre scorreva i volti davanti a lei—ognuno segnato da speranza e determinazione.

"Grazie a tutti per essere qui," iniziò, con voce ferma nonostante il caos che le turbava la mente. "La nostra lotta non è solo per noi stessi, ma per tutti coloro che non possono parlare. Dobbiamo trovare un modo per far sentire le nostre voci."

Un mormorio di consenso attraversò la folla. Tra i presenti c'era Marco, un attivista esperto noto per i suoi discorsi infuocati e la sua strategia. Alzò la mano, interrompendo con uno sguardo intenso negli occhi. "Dobbiamo intensificare i nostri sforzi. Non possiamo più permetterci di essere passivi. Dobbiamo mostrare loro che non ci faremo mettere a tacere!"

Elena sentì una scarica di eccitazione mista a preoccupazione. La passione di Marco era contagiosa, ma non riusciva a scrollarsi di dosso la sensazione che spingere troppo potesse avere conseguenze gravi. "Capisco la tua frustrazione, ma dobbiamo essere cauti. Abbiamo famiglie, amici—le nostre vite dipendono dalla discrezione."

La stanza cadde nel silenzio, e poté vedere l'incertezza insinuarsi nei loro sguardi. Poi, Sofia, una giovane donna con una feroce determinazione negli occhi, prese la parola. "Ma che ne è delle persone che hanno già sofferto? Di quelle che sono in prigione per essersi ribellate? Se non agiamo, i loro sacrifici saranno vani."

Elena deglutì, lottando con il peso della sua decisione. La verità era che aveva perso amici a causa del regime—persone abbastanza coraggiose da parlare, solo per scomparire nelle ombre della paura. Il suo cuore si spezzava con quei ricordi, ognuno un promemoria del prezzo che tutti stavano pagando per la loro libertà.

Mentre la discussione continuava, tracciarono i loro prossimi passi—manifestazioni, distribuzione di volantini e utilizzo dei social media per raggiungere un pubblico più vasto. Quando conclusero, un'energia palpabile riempiva la stanza. Erano determinati a combattere, anche se significava entrare in territori pericolosi.

I giorni si trasformarono in settimane, e la tensione nella città aumentava. Il regime rispondeva alle proteste con una violenza crescente, ed Elena sentiva il peso della pressione. Era diventata un bersaglio, il suo nome sussurrato tra le autorità come leader del dissenso.

Una notte, mentre era alla scrivania a esaminare rapporti di arresti e repressioni governative, un colpo alla porta la fece trasalire dai suoi pensieri. Il suo cuore accelerò mentre si avvicinava cautamente, guardando attraverso lo spioncino. Era Marco, con un'espressione grave.

"Elena, dobbiamo parlare," disse, con urgenza nella voce. "C'è stata una repressione. Ci stanno cercando. Dobbiamo lasciare la città."

"Andarcene?" ripeté Elena, l'incredulità che le riempiva la mente. "Non puoi essere serio. Abbiamo fatto troppa strada per fuggire ora!"

"Restare qui potrebbe significare la morte. Hanno già arrestato diversi attivisti, e temo che potremmo essere i prossimi. Possiamo riorganizzarci più avanti, ma per ora dobbiamo metterci al sicuro."

Una girandola di emozioni la travolse. La paura lottava contro la determinazione feroce che l'aveva condotta fino a quel punto. "Ma che ne sarà degli altri? Non possiamo semplicemente abbandonarli!"

"Troveremo un modo per aiutarli, ma dobbiamo proteggere noi stessi per primi. Non possiamo essere di alcuna utilità se veniamo catturati," supplicò Marco, gli occhi che la imploravano di capire.

Con riluttanza, annuì, la realtà che si posava su di lei come un peso insopportabile. Raccolsero rapidamente qualche oggetto personale, mettendolo negli zaini mentre la mente di Elena era in subbuglio con pensieri per i suoi amici e la causa per cui avevano lottato tanto.

Uscendo nelle strade oscure, il silenzio opprimente era palpabile. Ogni ombra sembrava nascondere una minaccia, e il suo cuore batteva all'impazzata nel petto. Si muovevano rapidamente, le luci intermittenti dei lampioni proiettavano ombre minacciose mentre attraversavano il labirinto di vicoli.

Appena raggiunsero una casa sicura alla periferia della città, il telefono di Elena vibrò freneticamente nella tasca. Sullo schermo lampeggiava un messaggio—la notizia di un'altra brutale repressione, questa volta all'ultima protesta. Il panico le invase mentre leggeva i nomi degli amici con cui aveva combattuto, nomi ormai sinonimo di coraggio e sacrificio, ora in pericolo.

"Marco, non possiamo lasciarli!" disse, la disperazione che le si insinuava nella voce. "Dobbiamo fare qualcosa!"

Si fermò, combattuto. "Capisco, ma dobbiamo pensare strategicamente. Se riusciamo a metterci al sicuro, possiamo pianificare la prossima mossa e chiedere aiuto. Non possiamo salvare nessuno se veniamo catturati."

Elena sentì un'ondata di disperazione sopraffarla. Il peso delle sue scelte le premeva sulle spalle. Aveva dedicato la vita alla lotta per la giustizia, eppure si trovava costretta a fuggire mentre altri rimanevano indietro a subire l'ira del regime.

Finalmente raggiunsero la casa sicura, un edificio fatiscente che sembrava fondersi con le ombre. Entrando, sentì un senso di presagio posarsi su di lei. Le pareti sembravano chiudersi intorno a lei, un chiaro promemoria delle scelte che doveva fare.

All'interno, furono accolti da alcuni volti familiari—compagni attivisti che avevano anche loro cercato rifugio. Mentre si stringevano, discutendo i loro prossimi passi, l'atmosfera era carica di ansia e determinazione.

I giorni si trasformarono in settimane, e la vita in clandestinità aveva il suo prezzo. Elena trascorse il suo tempo a organizzare comunicazioni con i sostenitori fuori città, usando messaggi criptati per coordinare gli sforzi per la loro causa. Eppure, ogni giorno che passava, il dolore della separazione dai suoi amici e la lotta per la libertà pesavano su di lei.

Poi, una sera, giunse una svolta. Ricevettero notizia che si stava organizzando una grande protesta, con l'intento di attirare l'attenzione sul regime oppressivo. Il gruppo dibatté sul loro coinvolgimento, consapevole dei rischi ma riconoscendo anche il potenziale impatto delle loro azioni.

"Non possiamo restare qui mentre gli altri sono là fuori a combattere," disse Marco con passione. "Questa è la nostra occasione per difendere ciò in cui crediamo!"

Elena sentì il fuoco riaccendersi dentro di sé. Il pensiero di tornare in prima linea, di rischiare tutto per la libertà del suo popolo, la chiamava come una sirena. "Ci sto," dichiarò, sentendo il peso della sua missione solidificarsi.

Mentre si preparavano a tornare alla lotta, Elena comprese il vero costo della libertà. Non erano solo i sacrifici che aveva fatto; erano le vite intrecciate alla sua, le speranze e i sogni condivisi che erano in gioco. Nelle acque torbide del dissenso politico, aveva imparato che il coraggio non era l'assenza di paura, ma la volontà di affrontarla, di lottare per la giustizia anche quando le probabilità sembravano insormontabili.

La mattina successiva, mentre la prima luce dell'alba sorgeva all'orizzonte, Elena sentì un rinnovato senso di scopo. Insieme ai suoi compagni, avrebbe affrontato di nuovo l'incerto, non come individui, ma come una forza collettiva, unita nella loro ricerca di libertà. Non si sarebbero fatti mettere a tacere, né si sarebbero fatti sconfiggere.

Mentre uscivano nel mondo incerto che li attendeva, Elena prese un respiro profondo, pronta a affrontare qualunque cosa arrivasse, spinta dalla consapevolezza che la loro lotta era tutt'altro che finita.

Vocabulary List

Italian Word	English Translation
libertà	freedom
giustizia	justice
paura	fear
protesta	protest
governo	government
lotta	struggle
attivista	activist
sicurezza	safety
sacrificio	sacrifice
cambiamento	change
rischio	risk
coraggio	courage
decisione	decision
speranza	hope
oppressione	oppression
amicizia	friendship
rifugio	refuge/safe house
resistenza	resistance
futuro	future
ideali	ideals

Questions about the Story

1. What sparked Elena's initial activism?
   a) A personal loss
   b) A single protest
   c) A news report

2. Why does Marco urge Elena to leave the city?
   a) To meet other activists
   b) For their safety
   c) To join another protest

3. What does Elena do while in hiding?
   a) She organizes communication with supporters
   b) She writes speeches
   c) She trains new activists

4. What motivates Elena to return to the protests?
   a) A breakthrough in their mission
   b) Marco's insistence
   c) A major protest to raise awareness

5. How does Elena define courage by the end of the story?
   a) As the absence of fear
   b) As the ability to confront fear
   c) As achieving victory

Answer Key

1. b
2. b
3. a
4. c
5. b

<u>Riflessi sull'Acqua</u>

Il sole era basso nel cielo, gettando una calda luce dorata sul paesaggio familiare di Bayridge. Sarah Langley stava sul vecchio molo di legno, le assi cigolanti sotto i piedi un nostalgico ricordo di tante estati d'infanzia trascorse a pescare con suo padre. Ora, come fotografa di fama internazionale, era tornata nella sua città natale con uno scopo diverso: documentare gli effetti devastanti del cambiamento climatico che avevano iniziato a modificare la vibrante comunità di un tempo.

Montò la sua macchina fotografica, regolando l'obiettivo per catturare la superficie scintillante del lago che era sempre stato il cuore di Bayridge. Ma oggi, l'acqua era diversa—torbida e bassa, esponendo le sponde fangose e la vegetazione in decomposizione. Quello che una volta era un ecosistema prospero raccontava ora una storia di abbandono e perdita.

Ad ogni clic dell'otturatore, Sarah sentiva un peso posarsi sul petto. Le immagini che catturava sembravano sussurrare storie di un passato che una volta la riempiva di gioia ma ora era segnato dalla tristezza. Non era solo il paesaggio ad essere cambiato; anche lei era cambiata.

Mentre si muoveva lungo la riva, i ricordi affioravano—la risata di suo padre, le storie che raccontava sulle leggende del lago e il modo in cui il sole si rifletteva sull'acqua, creando una danza scintillante di luce. Ma quei ricordi erano intrecciati con le ombre del suo passato, momenti che l'avevano fatta sentire persa e abbandonata. Non era più tornata a Bayridge da quando suo padre era morto dieci anni prima, una ferita che ancora le doleva nel profondo.

Mentre regolava le impostazioni della fotocamera, Sarah notò una giovane ragazza che lanciava sassi sulla riva. La risata della bambina spezzò la sua concentrazione, e per un momento Sarah si permise di sorridere. Catturò la scena con l'obiettivo—la gioia della bambina in contrasto con lo sfondo decadente. Eppure, sotto il sorriso, sentiva il peso dell'assenza di suo padre gravare nell'aria.

"Ehi!" chiamò la ragazza, con voce allegra e curiosa. "Stai facendo foto al lago?"

"Sì, esatto," rispose Sarah, accovacciandosi per parlare alla sua altezza. "Un tempo era bello qui, vero?"

La ragazza annuì, corrugando leggermente la fronte. "Mia madre dice che era pieno di pesci e rane. Ora c'è solo fango." Lanciò un altro sasso nell'acqua, guardando le increspature che si allargavano. "Secondo te tornerà come prima?"

Sarah esitò, combattendo con la sua incertezza. "Spero di sì," disse infine, sapendo che la speranza è spesso una cosa fragile. "Ma ha bisogno di aiuto. La gente deve prendersene cura."

Gli occhi della ragazza si illuminarono. "Allora dovremmo aiutarlo! Posso dire ai miei amici, e possiamo pulire tutti il lago!"

L'innocenza dell'entusiasmo della bambina colpì profondamente Sarah. Non poté fare a meno di ricordare come suo padre l'avesse sempre incoraggiata a rispettare l'ambiente, ad apprezzare la bellezza intorno a loro. Forse questa piccola ragazza poteva risvegliare qualcosa nella comunità, qualcosa che Sarah aveva creduto perso per sempre.

Mentre parlavano, Sarah iniziò a sentire il peso del suo passato alleggerirsi. Estrasse dalla borsa una piccola stampa di una delle sue prime fotografie—uno scatto sereno del lago nei suoi giorni migliori, pieno di vita e colori. "Ecco," disse, porgendolo alla ragazza. "Così appariva una volta."

Gli occhi della ragazza si spalancarono per lo stupore. "Wow! È così bello! Posso mostrarlo a mia madre?"

"Certo," rispose Sarah, sentendo un calore diffondersi dentro di sé. "Magari potrai usare questa foto per ispirare gli altri a prendersi cura del lago."

Dopo aver salutato la ragazza, Sarah continuò il suo lavoro, ora infusa di un rinnovato senso di scopo. Vagò lungo la riva, catturando immagini della desolazione ma anche della resilienza della natura—i fiori selvatici che lottavano per sopravvivere tra le erbacce incombenti, gli alberi che restavano in piedi nonostante i rami contorti.

Ad ogni clic della macchina fotografica, sentiva uno strano senso di guarigione, come se il semplice atto di documentare la realtà le permettesse di affrontare il proprio dolore sepolto. Mentre il sole calava, proiettando lunghe ombre sull'acqua, decise di visitare il vecchio laboratorio di suo padre. Era rimasto intatto dalla sua morte, una capsula del tempo di ricordi.

La porta scricchiolò mentre entrava, rivelando un interno polveroso pieno dei resti della vita di suo padre—attrezzature da pesca, progetti incompleti e innumerevoli fotografie del lago nei suoi giorni migliori. L'odore del legno stagionato e della vernice la avvolse, riportandola nel passato.

Prese una delle fotografie, uno scatto spontaneo di suo padre orgoglioso sul bordo del lago, un grosso pesce tra le mani e un sorriso trionfante sul volto. Le lacrime le salirono agli occhi mentre i ricordi riemergevano: le gite di pesca, le risate, il calore del suo abbraccio.

In quel momento, Sarah realizzò che la passione di suo padre per il lago non era morta con lui. Viveva in lei, e ora era giunto il momento di onorare la sua eredità. Con una nuova determinazione, estrasse il telefono e iniziò a scrivere un piano—un'iniziativa comunitaria per ripristinare il lago e sensibilizzare sulla conservazione dell'ambiente.

Le settimane successive furono un turbinio di attività. Ispirata dall'entusiasmo della ragazza, Sarah organizzò incontri di comunità, invitando i residenti a condividere i loro ricordi del lago e a discutere modi per rivitalizzarlo. La risposta fu travolgente; persone che si erano sentite disconnesse dalla loro città natale iniziarono a unirsi, spinte da uno scopo comune.

Con l'avanzare del progetto, Sarah si trovò immersa nello spirito della comunità. Vicini che un tempo erano estranei divennero alleati, uniti dall'amore per il lago. Insieme, pulirono le rive, piantarono alberi e sensibilizzarono sugli effetti del cambiamento climatico. Ogni piccola vittoria riaccendeva la sua speranza.

Il giorno dell'ultima pulizia, mentre il sole splendeva alto nel cielo, Sarah stava accanto alla giovane ragazza che aveva dato inizio a questo viaggio. Guardavano le famiglie riunite sulla riva, le loro risate che echeggiavano tra gli alberi. Sarah sentì il cuore riempirsi di orgoglio.

"È incredibile," disse la ragazza, gli occhi che brillavano di eccitazione. "Guarda quante persone sono venute!"

"Sì, lo è," rispose Sarah, la voce carica di emozione. "Ed è solo l'inizio."

Mentre si prendevano un momento per apprezzare ciò che li circondava, Sarah sentì il peso dell'assenza di suo padre trasformarsi in un profondo senso di presenza. Sarebbe stato orgoglioso di vedere la comunità unirsi, riscoprendo il legame con il lago e con gli altri.

In quel momento di riflessione, capì che il passato sarebbe sempre stato una parte di lei, ma non doveva definire il suo futuro. Il lago era stato un testimone silenzioso del suo dolore, ma ora era un simbolo di speranza e resilienza, un luogo dove i ricordi potevano prosperare insieme a nuovi inizi.

Mentre il sole iniziava a tramontare, gettando una luce dorata sul lago rivitalizzato, Sarah prese un respiro profondo. Sapeva di aver trovato il suo scopo—non solo come fotografa ma come custode della terra che suo padre aveva amato. I riflessi sull'acqua racchiudevano più del passato; racchiudevano la promessa di un futuro migliore, costruito su connessione, comunità e un impegno condiviso per prendersi cura del mondo che ci circonda.

Vocabulary List

Italian Word	English Translation
lago	lake
comunità	community
ricordi	memories
eredità	legacy
natura	nature
cambiamento climatico	climate change
riflesso	reflection
speranza	hope
tristezza	sadness
custode	guardian
iniziativa	initiative
progetto	project
conservazione	conservation
ambiente	environment
bellezza	beauty
alleati	allies
resilienza	resilience
futuro	future
tristezza	sorrow
ispirazione	inspiration

Questions about the Story

1. What is Sarah Langley's purpose in returning to Bayridge?
   a) To relax by the lake
   b) To photograph the effects of climate change
   c) To visit her old friends

2. What did Sarah's father encourage her to do as a child?
   a) Become a famous photographer
   b) Appreciate and care for the environment
   c) Learn to fish

3. What inspires Sarah to start a community initiative?
   a) The community's request
   b) Her father's old photographs
   c) A young girl's enthusiasm

4. What change does Sarah notice in the lake?
   a) The water is clearer
   b) The lake is cloudy and shallow
   c) The fish population has increased

5. How does Sarah feel by the end of the story?
   a) Regretful about her past
   b) Inspired to honor her father's legacy
   c) Frustrated with the community

Answer Key

1. b
2. b
3. c
4. b
5. b

La Promessa Dimenticata

Il pittoresco villaggio di Elderwood era incastonato tra dolci colline e campi vivaci, uno sfondo sereno per la vita dei suoi abitanti. Erano passati decenni da quando Thomas e Clara avevano passeggiato per le sue strade illuminate dal sole da bambini, il loro riso che risuonava nell'aria come il dolce canto di un'allodola. All'epoca erano inseparabili, condividevano sogni e segreti, ciascuno il riflesso dell'altro. Ma la vita, con le sue correnti inarrestabili, li aveva portati in direzioni opposte, e con gli anni avevano perso i contatti.

Ora, mentre Thomas parcheggiava l'auto sul vialetto ghiaioso della casa d'infanzia di Clara, una sensazione di nostalgia lo pervase. Il vecchio albero di quercia che scalavano da piccoli stava ancora lì, alto e fiero, i rami che ondeggiavano dolcemente nel vento. Si ricordò della promessa che si erano fatti sotto la sua ombra, una promessa che sembrava così semplice ma che, al tempo stesso, era monumentale: "Non importa dove ci porterà la vita, troveremo sempre il modo di ritrovarci."

Con un misto di emozione e trepidazione, Thomas scese dall'auto e si avvicinò alla porta di casa. Esitò per un attimo, la mano sospesa sul battente. Clara si sarebbe ricordata di lui? Condividevano ancora lo stesso legame che aveva definito la loro infanzia?

Come se sentisse la sua incertezza, la porta si aprì, rivelando Clara. Sembrava quasi la stessa, con lo stesso caldo sorriso che lo aveva incantato da bambino, anche se ora addolcito dal passare del tempo. I capelli, ora striati di argento, incorniciavano il suo viso come un'aureola, e gli occhi brillavano di riconoscimento.

"Thomas!" esclamò, tirandolo in un abbraccio caloroso. Gli anni si sciolsero mentre restavano lì, avvolti in un bozzolo di ricordi condivisi.

"Clara, è passato troppo tempo," disse, arretrando per osservarla, i tratti familiari cambiati così poco. "Non posso credere che siamo finalmente qui."

Seduti nel suo accogliente salotto, adornato di fotografie di famiglia e ricordi, la conversazione scorse fluida, come se non fosse passato un giorno. Ricordarono le avventure della loro infanzia—il forte segreto che avevano costruito, le estati passate a esplorare i boschi vicini, e i sogni che avevano intrecciato insieme come una rete di speranza.

Eppure, man mano che la luce del pomeriggio calava e le ombre danzavano sulle pareti, Thomas sentì un sottile velo di parole non dette aleggiarli intorno. La promessa che si erano fatti, l'impegno a rimanere in contatto, pesava nell'aria.

"Pensi mai a quella promessa?" chiese, la voce appena un sussurro.

Il sorriso di Clara vacillò per un momento, lo sguardo che scivolava sulle mani. "Sempre," ammise. "La vita si è complicata. Mi sono trasferita, ho messo su famiglia... Sai come succede."

"Sì, lo so," rispose, un'ombra di tristezza che colorava il tono. "Ma ho sempre pensato che ci saremmo ritrovati. Non ho mai smesso di crederci."

Clara lo guardò negli occhi, un'emozione fugace che passava tra di loro. "Lo pensavo anch'io. Ma ho lasciato che le distrazioni della vita mi allontanassero. È facile dimenticare, vero?"

La conversazione si spostò sui percorsi che le loro vite avevano preso da quei giorni spensierati. Thomas raccontò della sua carriera come architetto, dei progetti realizzati e dei clienti impressionati. Ma mentre parlava, un senso di vuoto accompagnava i suoi successi. Aveva costruito strutture impressionanti, ma gli sembravano vuote senza quel legame che una volta aveva riempito la sua vita di significato.

Anche Clara parlò del suo percorso—degli studi in infermieristica, delle sfide di crescere una famiglia e della gioia dolceamara di vedere i suoi figli crescere. Ma sotto la superficie, rivelò le difficoltà che aveva affrontato, la solitudine che s'insinuava nei momenti tranquilli e i sogni irrealizzati che ancora le pesavano nel cuore.

"Ho sempre voluto viaggiare, vedere il mondo," confessò, la voce che tremava leggermente. "Ma ho lasciato che la paura mi trattenesse. Non volevo lasciare la mia famiglia. Ora mi chiedo cosa avrei potuto vivere."

Thomas annuì, sentendo il peso delle sue parole. "Capisco. Lasciamo che le nostre paure decidano le nostre scelte e, così facendo, dimentichiamo di vivere."

Quando il crepuscolo si posò sul villaggio, Clara propose di fare una passeggiata fino al vecchio albero di quercia— proprio il punto in cui avevano fatto la loro promessa tanti anni prima. Uscirono, l'aria fresca della sera che li avvolgeva come uno scialle confortante.

Arrivati all'albero, restarono in silenzio per un momento, lasciando che i ricordi riaffiorassero. "Pensavo che questo albero fosse invincibile," disse Thomas, appoggiando una mano sulla corteccia ruvida. "Come la nostra promessa."

"Lo è ancora," rispose Clara dolcemente. "Sta qui, alto e forte, proprio come noi. Abbiamo affrontato le nostre sfide, ma siamo ancora qui."

Le stelle iniziarono a brillare sopra di loro, illuminando il cielo notturno, e Clara parlò di nuovo, con voce ferma. "Forse non è troppo tardi per noi. Possiamo ancora mantenere la nostra promessa."

Thomas la guardò, la speranza che si accendeva dentro di lui. "Cosa hai in mente?"

"Viaggiamo insieme," propose. "Come avevamo detto da bambini. Esploriamo il mondo, anche solo per un po'. Possiamo visitare i posti che sognavamo e vivere esperienze al di fuori delle nostre zone sicure."

Un sorriso si diffuse sul viso di Thomas, e un senso di eccitazione lo pervase. "Mi piacerebbe molto. Possiamo recuperare gli anni persi e scoprire le avventure che ci siamo persi."

Con una nuova determinazione, fecero piani per il loro viaggio. L'entusiasmo dell'ignoto riempiva l'aria mentre discutevano delle destinazioni, delle esperienze e dei luoghi che avevano sempre voluto esplorare. Non solo si sarebbero riconnessi tra loro, ma avrebbero anche riscoperto se stessi.

Mentre tornavano verso casa di Clara, le stelle brillavano sopra di loro, illuminando il cammino. Thomas si sentì leggero, liberato dai pesi che aveva portato per troppo tempo. In quel momento, capì che la promessa che avevano fatto da bambini non era stata dimenticata; si era semplicemente trasformata, in attesa del momento giusto per essere realizzata.

Riuniti, avanzarono verso un nuovo capitolo della loro vita —uno pieno di speranza, avventura e del legame duraturo dell'amicizia che il tempo non avrebbe mai potuto cancellare. Insieme, avrebbero affrontato il viaggio che li attendeva, determinati a vivere pienamente e a custodire ogni momento.

Vocabulary List

Italian Word	English Translation
promessa	promise
villaggio	village
nostalgia	nostalgia
amicizia	friendship
abbraccio	embrace
avventura	adventure
destinazione	destination
passato	past
futuro	future
paura	fear
libertà	freedom
famiglia	family
ricordi	memories
legame	bond
speranza	hope
sogni	dreams
stelle	stars
viaggio	journey
architetto	architect
opportunità	opportunity

Questions about the Story

1. Where does the story take place?
   a) In a small city
   b) In the countryside
   c) In the village of Elderwood

2. What promise did Thomas and Clara make to each other as children?
   a) To always stay connected
   b) To become famous
   c) To never leave Elderwood

3. What was Clara's unfulfilled dream?
   a) To open a bookstore
   b) To become a teacher
   c) To travel the world

4. What suggestion does Clara make to Thomas?
   a) To write a book
   b) To start a business together
   c) To go on a journey together

5. How does Thomas feel at the end of the story?
   a) Regretful about his past
   b) Nervous about the journey
   c) Hopeful about the future

Answer Key

1. c
2. a
3. c
4. c
5. c

Sotto la Superficie

Le tranquille acque turchesi dei Caraibi si estendevano all'infinito, il sole proiettando un bagliore scintillante sulla superficie. Ava Sinclair sistemò la sua attrezzatura e fece un respiro profondo, con un misto di anticipazione e una punta di ansia. Come archeologa marina, aveva trascorso anni a studiare relitti e le storie che custodivano, ma quel giorno era diverso. Stava per immergersi nelle profondità di un relitto che l'aveva sempre affascinata—un'imbarcazione dimenticata che si dice fosse affondata in circostanze misteriose.

Dopo un ultimo controllo all'attrezzatura, si immerse nell'acqua cristallina, il peso della bombola che la trascinava verso il basso. Il mondo sopra di lei svanì in una brillante foschia blu, sostituito dal silenzio sereno del regno sottomarino. I raggi del sole filtravano attraverso la superficie, illuminando i resti incrostati di corallo della nave sottostante. Avvicinandosi al relitto, il cuore di Ava batteva forte per l'emozione. Quello non era solo un sito archeologico; era un portale verso il passato.

La nave giaceva mezza sepolta nella sabbia, lo scafo costellato di buchi, uno scheletro di legno e ruggine. Ava nuotò intorno ad essa, gli occhi che scandagliavano i detriti sparsi sul fondo dell'oceano. Vecchie botti, frammenti di ceramica e resti di oggetti personali lasciavano intravedere le vite che un tempo erano state vissute a bordo di quella nave. Con la sua fotocamera subacquea, iniziò a documentare il sito, catturando immagini che avrebbero raccontato la storia di chi era andato perduto.

Mentre si inoltrava nel relitto, Ava notò un oggetto insolito incastrato tra le travi della nave—un piccolo baule logorato. La curiosità si fece strada in lei mentre si avvicinava, facendo attenzione a non disturbare l'ecosistema delicato che aveva trovato dimora tra i resti. Con sforzo, lo liberò e lo portò in superficie, il cuore che batteva forte all'idea di ciò che avrebbe potuto contenere.

Tornata sulla barca, Ava posò il baule sul ponte ed esaminò attentamente. Era chiuso a chiave, ma l'acqua salata aveva corroso la serratura, permettendole di forzarla con un lieve tocco. All'interno trovò una raccolta di lettere, ingiallite dal tempo, e alcuni oggetti personali—un orologio da taschino, un medaglione e una mappa logora. Le lettere, scritte in una calligrafia elegante, erano piene di nostalgia e disperazione, parlavano di amori perduti e sogni infranti.

Leggendo le lettere, Ava sentì una connessione con lo scrittore, un marinaio di nome Thomas che aveva riversato il suo cuore in ogni parola. Scriveva del suo amore per una donna di nome Eliza, dei loro progetti per sposarsi e della promessa di tornare da lei. Ma l'ultima lettera prendeva una piega oscura, rivelando un crescente senso di terrore mentre la nave si preparava a partire per un viaggio pericoloso.

"Temo che questa nave sia maledetta," scrisse. "Ci sono voci tra l'equipaggio di tradimento e avidità. Proteggerò ciò che è mio, ma temo di non riuscire a proteggere me stesso."

La mente di Ava correva mentre elaborava le implicazioni delle parole di Thomas. Non era un semplice relitto; era una nave avvolta in una rete di inganni e tradimenti. L'emozione della scoperta si mescolava a un senso di inquietudine, mentre si rendeva conto che il destino di Thomas era probabilmente legato alla tragica fine della nave.

Determinata a scoprire la verità, Ava trascorse le settimane successive a ricercare la storia del relitto, setacciando archivi e registri locali. Scoprì che la nave trasportava un carico prezioso, tra cui oro e manufatti di valore, in un periodo di tensioni politiche. Con l'escalation delle tensioni, l'equipaggio si era rivoltato l'uno contro l'altro, spinto dall'avidità e dalla disperazione.

Le ricerche pesarono su Ava. Ogni nuova scoperta sembrava approfondire la sua comprensione della condizione umana—la capacità di amare e di tradire. Si trovò a riflettere su complesse domande di moralità e sulle scelte che le persone compiono in momenti di disperazione. La storia di Thomas ed Eliza divenne più di una curiosità storica; era un riflesso dei lati più oscuri dell'umanità e la costrinse a confrontarsi con i suoi valori e le sue convinzioni.

Una sera, mentre sedeva sulla riva, osservando il tramonto tingere il cielo di arancione e viola, Ava provò un profondo senso di perdita. Si era affezionata alla storia di Thomas, immaginando l'amore per Eliza e i sogni che avevano condiviso. Ma era la tragedia del loro destino a pesarle sul cuore. Sapere che l'amore potesse essere spento dall'ambizione e dal tradimento era un fardello difficile da sopportare.

Il giorno seguente, Ava tornò al relitto, intenzionata a compiere un rituale di chiusura per Thomas e l'equipaggio. Raccolse fiori dalla riva vicina, fiori vivaci che danzavano nella brezza marina, e li dispose con cura lungo i bordi del relitto. Per ogni fiore che deponeva, sussurrava un nome, una preghiera per coloro che erano perduti sotto le onde.

Quando si allontanò, il sole scese sotto l'orizzonte, gettando un bagliore dorato sull'acqua. In quel momento, Ava sentì una connessione che trascendeva il tempo—un legame forgiato dall'amore, dalla perdita e dallo spirito incrollabile di coloro che erano venuti prima di lei.

Decise di condividere la storia di Thomas, non solo come racconto di tragedia, ma come testimonianza del potere duraturo dell'amore e dei pericoli dell'ambizione incontrollata. Ava immaginò una mostra che non solo avrebbe esposto le sue scoperte, ma avrebbe anche onorato le vite intrecciate con i resti della nave.

Nei mesi successivi, Ava si dedicò anima e corpo al progetto, raccogliendo storie e reperti che dipingevano un quadro vivido della storia della nave. Mentre si preparava per la mostra, rifletteva sulla propria vita e sulle scelte che l'avevano portata a quel momento. L'esperienza l'aveva costretta a confrontarsi con il proprio passato, le sue ambizioni e le sue relazioni, riaccendendo una passione che era rimasta sopita a lungo.

La sera della mostra, mentre stava di fronte alla folla radunata, provò un senso di appagamento. Condivise le lettere di Thomas, i suoi sogni e il tragico destino della nave, intrecciando una narrazione che catturava la complessità della natura umana. Il pubblico ascoltava, assorto e contemplativo, riflettendo sulle lezioni della storia e sulle scelte che plasmano le vite.

Quando la serata volgeva al termine, Ava sentì un peso sollevarsi dalle sue spalle. Aveva onorato Thomas ed Eliza, trasformando la loro storia in qualcosa che poteva ispirare gli altri. La subacquea che un tempo cercava solo di svelare il passato era diventata una narratrice, un tramite per le voci di coloro che erano stati dimenticati.

In piedi sulla riva, Ava guardò l'acqua, dove le onde lambivano dolcemente la sabbia. Ora comprendeva che sotto la superficie dell'oceano non giacevano solo segreti e storie, ma anche i riflessi di coloro che avevano osato amare e sognare. Condividendo la loro eredità, aveva scoperto una connessione più profonda con la propria umanità, una realizzazione che l'avrebbe guidata nel suo viaggio—non solo come subacquea, ma come custode delle storie che avevano plasmato il suo mondo.

Vocabulary List

Italian Word	English Translation
subacquea	diver
relitto	shipwreck
amore	love
tradimento	betrayal
mare	sea
tragedia	tragedy
storia	story
scoperta	discovery
mistero	mystery
lettere	letters
connessione	connection
destino	fate
spiaggia	shore
ambizione	ambition
passato	past
futuro	future
avventura	adventure
anima	soul
viaggio	journey
mcmoria	memory

Questions about the Story

1. Where does Ava conduct her research?
   a) In the Caribbean
   b) In the Mediterranean
   c) In the Atlantic

2. What object does Ava find wedged between the beams of the ship?
   a) A locket
   b) A small trunk
   c) A compass

3. Who was Thomas in love with?
   a) Ava
   b) Clara
   c) Eliza

4. What ritual does Ava perform for Thomas and the crew?
   a) She scatters their ashes
   b) She places flowers along the wreck
   c) She reads their letters aloud

5. What does Ava decide to create to share her findings?
   a) A book
   b) A documentary
   c) An exhibition

Answer Key

1. a
2. b
3. c
4. b
5. c

L'Influenza delle Ombre

La luce del primo mattino filtrava attraverso le pesanti tende dello studio di Alexander Pierce, illuminando le innumerevoli pile di libri che lo circondavano. Una tazza di caffè freddo giaceva abbandonata sulla scrivania, dimenticata tra il caos di fogli e manoscritti a metà. Nonostante la calma apparente della stanza, un'inquietudine si diffondeva nell'aria, come se le ombre stesse stessero cospirando contro di lui.

Alexander godeva da tempo della reputazione di essere un narratore magistrale, un tessitore di trame intricate e personaggi profondamente imperfetti. Il suo ultimo romanzo, Echi nella Nebbia, lo aveva catapultato alla fama letteraria, guadagnandosi elogi dalla critica e un pubblico devoto. Eppure, tra gli elogi, qualcosa di inquietante aveva cominciato a emergere—una sensazione di disagio che non riusciva a scrollarsi di dosso.

La protagonista del suo romanzo, Evelyn Grey, era un'artista brillante ma tormentata che combatteva contro i suoi demoni interiori. Alexander aveva messo il cuore nel suo personaggio, attingendo alle sue stesse esperienze di dubbio e paura. Ma più si immergeva nel mondo che aveva creato, più Evelyn sembrava non voler restare confinata nelle pagine del suo libro. Aveva iniziato a perseguitarlo, apparendo in momenti fugaci—un sussurro della sua presenza che sfiorava i confini della sua coscienza.

Tutto iniziò con dei sogni. Nelle tranquille ore della notte, Alexander si trovava a camminare per le strade nebbiose di una città familiare eppure estranea. Ombre danzavano ai margini della sua vista, e poteva sentire la voce di Evelyn che lo chiamava, carica di una nostalgia che risuonava profondamente in lui. "Non mi capisci," diceva, il tono intriso di urgenza. "Hai catturato la mia essenza, ma non hai afferrato la mia verità."

All'inizio, respinse il tutto come un normale effetto collaterale della sua mente creativa, un risultato dell'intensa immersione nel processo di scrittura. Ma col passare dei giorni e delle settimane, l'influenza di Evelyn cominciò a penetrare nella sua vita diurna. Intravedendola nel riflesso di una vetrina o sentendo il suo sguardo mentre scriveva, era come se lei lo stesse osservando, aspettando che svelasse di più della sua storia—la sua verità.

Un pomeriggio, mentre revisionava un capitolo particolarmente intenso, Alexander sentì un brivido attraversare la stanza. Alzò lo sguardo, aspettandosi quasi di trovare le ombre addensate, ma la stanza rimase immobile. La sensazione, tuttavia, rimase, pungendogli la pelle come il fantasma di un ricordo. La sua mano esitò sulla tastiera, e si ritrovò a chiedersi se stesse rappresentando Evelyn in modo autentico.

"Ti sto rendendo giustizia?" mormorò, a metà tra il serio e il faceto. "O sto semplicemente sfruttando il tuo dolore per il mio successo?"

Le parole rimasero sospese nell'aria, e in quel momento, avvertì una risposta quasi palpabile. Le luci tremolarono, e per un istante la stanza si riempì di un'energia ultraterrena. Un brivido gli percorse la schiena, e capì allora che non poteva più considerare Evelyn come un semplice frutto della sua immaginazione. Lei era reale, e la sua storia esigeva di essere raccontata—veramente e con autenticità.

Quella notte, Alexander mise da parte il solito processo di scrittura e iniziò a scrivere una nuova narrazione—una storia raccontata dalla prospettiva di Evelyn. Mentre scriveva, i freni si sciolsero. La sua voce scorreva attraverso di lui, cruda e non filtrata, rivelando le profondità della sua angoscia, dei suoi desideri e della sua determinazione a liberarsi dai confini della sua creazione.

"Non sono mai stata solo un personaggio," sembravano rieccheggiare le sue parole nella mente di Alexander. "Sono la somma di ogni scelta che hai fatto, di ogni rimpianto che hai sepolto. Mi devi questo."

Abbandonandosi al processo, il confine tra creatore e creatura si dissolse. Fu consumato dalla sua narrazione, trascorrendo notti insonni immerso nel suo mondo, svelando i fili della sua esistenza. Provò il suo dolore, i suoi trionfi e il suo desiderio di liberarsi dai confini delle sue parole.

Settimane si trasformarono in un vortice di creatività. Alexander si perse nelle lotte e nelle vittorie di Evelyn. Ma con ogni parola, sentiva anche una crescente inquietudine, come se il suo spirito stesse gradualmente prendendo il sopravvento sul proprio. Iniziò a notare cambiamenti sottili nella sua realtà. Ombre danzavano più frequentemente alla sua vista periferica, e sussurri riempivano il silenzio della sua casa, rieccheggiando frammenti della storia di Evelyn.

Poi venne il giorno in cui ricevette una chiamata dal suo editore, che annunciava entusiasta di aver ottenuto un accordo per un adattamento cinematografico di Echi nella Nebbia. Era la realizzazione dei suoi sogni, ma mentre ascoltava gli elogi, una profonda inquietudine si insinuava dentro di lui.

"La rappresenteranno come merita?" si chiese, il cuore che accelerava. "La vedranno come la vedo io?"

La realizzazione lo colpì come un tuono: il mondo avrebbe interpretato Evelyn attraverso la propria lente, modellando la sua storia per adattarla alla loro narrazione. Sarebbe stata ridotta a un semplice intrattenimento, le sue lotte banalizzate per il profitto? Il pensiero accese un fuoco dentro di lui.

In preda alla disperazione, si chiuse nel suo studio e iniziò a scrivere furiosamente. "Questa è la mia storia," dichiarò, "e non permetterò che la distorciate." Versò ogni goccia della sua anima nelle pagine, descrivendo il viaggio di Evelyn per reclamare la sua identità, la sua lotta contro le aspettative imposte e la sua feroce determinazione a superare i limiti della sua esistenza.

Mentre scriveva, le ombre nella stanza si infittivano, vorticando intorno a lui come una tempesta. Sentiva la presenza di Evelyn, il suo spirito intrecciato al suo, che lo spingeva a confrontarsi con l'essenza stessa della sua creazione. Non si trattava più solo di scrivere una storia; si trattava di riconoscere la complessità dell'esistenza, l'interazione tra autore e personaggio e il potere della narrazione di plasmare la realtà.

Finalmente, mentre l'alba illuminava la stanza, Alexander si appoggiò allo schienale, ansimando per l'esaurimento. Il manoscritto giaceva di fronte a lui, testimone del loro viaggio—il suo e quello di Evelyn. Le aveva permesso di liberarsi, di reclamare la sua voce e la sua storia, e facendo ciò, aveva affrontato le proprie paure e insicurezze.

Con le mani tremanti, inviò il manoscritto completato al suo editore, sentendo un peso sollevarsi dalle sue spalle. Aveva affrontato le ombre che lo perseguitavano, e ne era uscito vincitore.

Col passare dei giorni, Alexander ricevette una valanga di risposte da parte dell'editore, dei lettori e della critica. Le recensioni elogiavano la sua nuova profondità e comprensione, lodando come avesse portato Evelyn in vita con autenticità e passione. Provò un senso di sollievo, sapendo di aver onorato il suo spirito.

Ma mentre chiudeva il portatile una sera, pronto a concedersi una pausa meritata, un movimento attirò la sua attenzione. Si voltò per vedere un'ombra danzare nella stanza, una figura con lineamenti familiari che si trovava al limite della sua coscienza. Era Evelyn, non più come un personaggio confinato nelle pagine, ma come una presenza che sarebbe rimasta con lui per sempre.

"Grazie," sussurrò, la sua voce che riecheggiava nel silenzio. "Mi hai liberata."

In quel momento, Alexander capì che l'influenza delle ombre non era qualcosa da temere, ma un promemoria del potere delle storie di connettere, guarire e trasformare. Aveva scoperto la profondità della propria umanità attraverso il processo di creazione e, in questo, aveva forgiato un legame con Evelyn che trascendeva i confini della finzione.

Mentre rimaneva in piedi nella luce soffusa del suo studio, gli echi del loro viaggio condiviso riempivano la stanza, e sapeva di non aver solo dato una voce a Evelyn, ma di aver trovato anche la propria. Le ombre sarebbero sempre rimaste lì, parte di lui, a guidarlo verso nuove storie in attesa di essere raccontate.

Vocabulary List

Italian Word	English Translation
scrittore	writer
ombre	shadows
protagonista	protagonist
tormentato	tortured
manoscritto	manuscript
inquietudine	unease
spirito	spirit
creazione	creation
destino	destiny
narrazione	narrative
autenticità	authenticity
riflessione	reflection
consapevolezza	awareness
complessità	complexity
immaginazione	imagination
connessione	connection
libertà	freedom
successo	success
trionfo	triumph
tempesta	storm

Questions about the Story

1. Who is Alexander Pierce?
   a) A painter
   b) A storyteller
   c) A musician

2. What character from his book begins to "haunt" him?
   a) Evelyn Grey
   b) Thomas Grey
   c) Eliza Grey

3. What does Alexander fear about the film adaptation of his book?
   a) It won't be popular
   b) It will distort Evelyn's story
   c) It will delay his next book

4. How does Alexander respond to his fear about Evelyn's portrayal?
   a) He rewrites her story in her own voice
   b) He cancels the adaptation
   c) He abandons the project

5. How does Evelyn's presence influence Alexander by the end?
   a) She inspires him to write a new novel
   b) She teaches him about the power of stories
   c) She makes him doubt his abilities

Answer Key

1. b
2. a
3. b
4. a
5. b

Una Stanza Tutta per Sé

Elena Reyes stava davanti alla pagina bianca, le dita sospese sopra la tastiera, intrappolata in una rete invisibile di aspettative. La luce fioca del suo piccolo appartamento illuminava le pile di quaderni disposti disordinatamente sulla scrivania, pieni di idee abbozzate, personaggi incompleti e fantasmi di storie che non avevano mai preso vita. Fuori, le strade affollate di New York pulsavano di energia, ma nella sua stanza regnava il silenzio, interrotto solo dal leggero ronzio del traffico e dai suoi pensieri che correvano.

Da anni, Elena sognava di diventare una commediografa di successo. La sua passione per la narrazione era sbocciata al liceo, dove aveva trovato conforto nei mondi che creava. Ma ora, di fronte alla realtà dell'industria, si sentiva soffocata dal dubbio. Il mondo del teatro era notoriamente spietato, soprattutto per le donne, e le voci degli uomini potenti sembravano sovrastare i sussurri di artisti emergenti come lei.

Con un sospiro, si appoggiò allo schienale della sedia e chiuse gli occhi, in cerca di ispirazione. Nel silenzio della sua mente, poteva udire gli echi delle critiche passate— commenti sprezzanti di colleghi uomini, dubbi di amici benintenzionati che però non comprendevano davvero la sua ambizione. "È un mondo per uomini, Elena," le dicevano, come se fosse un motivo sufficiente per arrendersi.

Ma Elena non era pronta a cedere. Aprì gli occhi e guardò la stanza, posando lo sguardo su un poster appeso al muro —una citazione di Virginia Woolf: "Una donna deve avere soldi e una stanza tutta per sé se vuole scrivere narrativa." Quelle parole risuonarono profondamente in lei, accendendo una scintilla di determinazione. Forse era arrivato il momento di rivendicare il proprio spazio, di creare un santuario dove la sua voce potesse fiorire libera dal giudizio.

Nelle settimane successive, Elena si mise in missione per creare quello spazio. Trasformò il suo piccolo appartamento in un rifugio creativo. Il disordine di bozze incomplete e tazze di caffè vuote fu sostituito con libri ispiratori, immagini di commediografe forti e note di incoraggiamento che attaccò al muro. Divenne il suo rifugio, un luogo dove poteva abbracciare la propria vulnerabilità e affrontare le paure che l'avevano trattenuta troppo a lungo.

Col passare dei giorni, iniziò a scrivere con rinnovato vigore. I suoi personaggi, una volta ombre sbiadite, presero vita sulla pagina, le loro storie si dispiegarono in dettagli vividi. C'era Clara, una giovane donna che lottava contro le aspettative della società in una famiglia tradizionale, e Sam, un'artista in difficoltà che sfidava le norme dell'industria. Diventarono specchi che riflettevano le stesse lotte di Elena, e attraverso le loro voci, iniziò a esprimere le frustrazioni e i trionfi di essere una donna in un mondo dominato dagli uomini.

Ma il dubbio persisteva, un'ombra costante che si insidiava nei suoi pensieri. E se il suo lavoro non fosse stato all'altezza? E se fosse stata solo un'altra aspirante commediografa persa nel rumore? La paura del rifiuto era una presenza costante, un promemoria dei rischi che affrontava nel condividere la propria verità.

Una sera, mentre sedeva nel suo angolo di scrittura improvvisato, il telefono vibrò con una notifica. Era un invito a presentare il suo ultimo copione a un prestigioso festival teatrale. Un misto di eccitazione e apprensione si fece strada in lei. Quella poteva essere la sua occasione, ma l'idea di esporre il suo lavoro al giudizio di professionisti del settore era terrificante.

Elena camminava per la stanza, il cuore che batteva forte. La paura del fallimento si scontrava con il desiderio di essere vista e ascoltata. In quel momento di turbamento, ricordò di nuovo le parole di Woolf—doveva lottare per il suo diritto di essere ascoltata, per ritagliarsi un posto nel mondo del teatro.

Con determinazione, tornò alla scrivania, riversando il suo cuore nel copione. Scrisse fino alle prime ore del mattino, alimentata da una convinzione nuova. Le parole fluivano senza sforzo, un'esplosione di emozioni che riflettevano le sue lotte e i suoi sogni. All'alba, aveva completato la sua presentazione—un copione che parlava non solo delle sue esperienze ma delle voci di innumerevoli donne che l'avevano preceduta.

Le settimane passarono in un turbinio di attesa e ansia. Mentre aspettava una risposta, Elena si immerse nella vivace comunità teatrale, partecipando a spettacoli, workshop e discussioni. Si confrontò con altri scrittori e attori, e ogni conversazione rafforzava la sua convinzione dell'importanza della propria voce. Ma la paura del rifiuto rimaneva sempre lì, in agguato.

Poi arrivò l'email. Il suo cuore accelerò mentre la apriva, le parole sfocate dalla fretta. "Congratulazioni! Siamo lieti di informarla che il suo copione è stato selezionato per il festival…"

Un'ondata di incredulità la travolse. Le lacrime le riempirono gli occhi mentre leggeva il resto del messaggio, il cuore che si gonfiava di gioia e sollievo. Ce l'aveva fatta — aveva superato il dubbio e le aspettative della società, conquistando il proprio posto nel mondo del teatro.

Il festival fu un vortice di attività. Elena stava dietro le quinte, il cuore che batteva forte mentre osservava gli attori recitare le sue parole. L'energia nell'aria era elettrizzante, un senso palpabile di eccitazione e possibilità. In quel momento, circondata dai colori vibranti della creatività e della collaborazione, sentì un senso di appartenenza che aveva a lungo desiderato.

Quando le luci si abbassarono e il pubblico si sistemò, Elena fece un respiro profondo. Poteva udire i sussurri dei suoi personaggi, che la incoraggiavano a vivere pienamente quel momento. Le luci del palco si accesero, illuminando i performer mentre davano vita alla sua storia.

Nei giorni successivi, il festival fu animato da elogi per il suo lavoro. I critici lodavano il suo copione per la sua onestà cruda e la profondità emotiva. Elena fu invitata a partecipare a tavole rotonde e discussioni sulle sfide affrontate dalle donne nell'industria. La sua voce, una volta soffocata dal dubbio, ora risuonava in uno spazio che aveva sempre sognato di occupare.

Ma tra gli elogi e il riconoscimento, furono le conversazioni con altre commediografe che la colpirono di più. Condividevano le loro lotte, i loro trionfi e i pesi che avevano portato in un mondo che spesso emarginava le loro voci. Elena capì che il suo viaggio non era solo il suo; faceva parte di una narrazione più grande, una lotta collettiva per il riconoscimento e l'uguaglianza.

Mentre stava sul palco per una sessione di domande e risposte, sentì una scarica di fiducia. "Ho scritto questo copione non solo per me stessa, ma per ogni donna che si è sentita inascoltata o invisibile," disse, la voce ferma e risoluta. "Tutte noi abbiamo storie da raccontare, ed è tempo che rivendichiamo il nostro spazio."

Il pubblico esplose in un applauso, un'ondata di sostegno che la avvolse come un caldo abbraccio. In quel momento, Elena comprese che il suo viaggio era appena iniziato. La stanza che aveva creato per sé stessa non era solo uno spazio fisico; era una testimonianza del potere della perseveranza, dell'importanza della vulnerabilità e della forza trovata nelle esperienze condivise.

Nei mesi successivi, Elena continuò a scrivere, non solo per se stessa ma per le voci che risuonavano dentro di lei. Organizzò workshop per aspiranti commediografe, incoraggiandole a condividere le loro storie e a coltivare le loro voci uniche. Le pagine una volta vuote della sua vita ora erano piene di narrazioni vibranti, ognuna un riflesso della forza che aveva scoperto dentro di sé.

Mentre stava nel suo appartamento, circondata dai ricordi del suo viaggio, Elena provò un profondo senso di gratitudine. Le battaglie che aveva combattuto, i dubbi che aveva superato e le connessioni che aveva costruito facevano tutte parte della sua evoluzione come scrittrice e come donna. Aveva non solo trovato la sua voce, ma aveva anche abbracciato la bellezza delle storie che giacevano sotto la superficie—pronte per essere raccontate, pronte per essere ascoltate.

Vocabulary List

Italian Word	English Translation
sogno	dream
dubbio	doubt
mondo	world
silenzio	silence
paura	fear
scrittrice	writer
critica	critique
riconoscimento	recognition
lottare	fight
determinazione	determination
appartenenza	belonging
vulnerabilità	vulnerability
creatività	creativity
rifiuto	rejection
uguaglianza	equality
ispirazione	inspiration
narrazione	narrative
fiducia	confidence
perseveranza	perseverance
successo	success

Questions about the Story

1. Where does Elena live?
   a) Chicago
   b) New York City
   c) Los Angeles

2. Who inspired Elena with the idea of having a room of her own?
   a) Virginia Woolf
   b) Her teacher
   c) Her friend

3. What opportunity does Elena receive to submit her script?
   a) A prestigious theater festival
   b) A university workshop
   c) A writing contest

4. What emotions does Elena feel when she gets accepted into the festival?
   a) Disbelief and joy
   b) Fear and anger
   c) Sadness

5. Why does Elena write the script?
   a) For a school project
   b) For fame
   c) To share women's stories and her struggles

Answer Key

1. b
2. a
3. a
4. a
5. c

Il Suono del Silenzio

Il sole calava sull'orizzonte, gettando un bagliore ambrato sulla città mentre Elijah Reyes percorreva le strade familiari, ogni passo echeggiando il ritmo di una vita una volta piena di musica. Violinista rinomato, aveva incantato il pubblico di tutto il mondo con le sue esibizioni piene di sentimento. Ma quello era prima—prima che una perdita uditiva improvvisa e grave trasformasse la sua vita in un film muto, con la colonna sonora improvvisamente silenziata.

Elijah trovava spesso conforto nella tranquillità che seguiva il caos della sua vita passata. Tuttavia, con il passare dei giorni e delle settimane, il silenzio diventava sempre più opprimente, avvolgendolo come un sudario. Era soffocante, un promemoria costante della sua identità perduta. Ogni mattina si svegliava nel mondo come spettatore, osservando la vita intorno a sé sentendosi come un fantasma che vagava tra gli echi del suo passato.

Quella sera, mentre passeggiava davanti a un caffè pittoresco, percepì delle lievi vibrazioni provenienti dal pavimento. Incuriosito, entrò. Le pareti erano adornate di opere d'arte e musicisti occupavano il piccolo palco sul retro, le loro melodie intrecciate in un modo che andava oltre il suono. Sembrava che l'aria fosse piena di emozioni non dette, risuonanti attraverso le fibre stesse del suo essere.

Elijah trovò un tavolo in un angolo, il cuore che batteva mentre osservava una giovane donna dai capelli rossi suonare la chitarra. Le sue dita danzavano sulle corde, creando una cascata di note che dipingevano immagini vivide nella mente di Elijah. Chiuse gli occhi, permettendo alle vibrazioni di avvolgerlo, lasciando che la musica evocasse ricordi di prove, concerti e l'emozione appassionata dell'esibizione.

Ma, quando la musica svanì, svanì anche quella sensazione. Il silenzio ritornò, un inquietante promemoria della sua perdita. Sospirò, riflettendo sul suo prossimo passo. Era passato troppo tempo da quando si era sentito legato a qualcosa—la sua passione per la musica oscurata da un abisso insormontabile.

Nelle settimane successive, Elijah tornò al caffè ripetutamente, attratto ogni volta dalla stessa musicista. Si chiamava Lena, e le sue esibizioni divennero un faro di speranza nel suo mondo altrimenti silenzioso. Una sera, incoraggiato dalle emozioni che la sua musica suscitava in lui, la avvicinò dopo il concerto.

"Mi è piaciuta molto la tua esibizione," disse, la voce ferma ma velata d'incertezza.

Lena sorrise, i suoi occhi verdi brillanti. "Grazie! Sono felice che ti sia piaciuto. La musica ha un modo di connetterci, vero?"

Elijah esitò, sentendo il peso del silenzio. "Suonavo anche io," ammise, le parole cariche di nostalgia. "Ma... ora non posso più sentire."

L'espressione di Lena si fece più dolce, un lampo di empatia attraversandole il viso. "Deve essere difficile. Ma la musica non riguarda solo il suono, sai. È anche una questione di sentimento."

Le sue parole rimasero nell'aria, accendendo una scintilla in lui. Forse c'era un modo per riconnettersi alla musica che non dipendeva solo dall'udito. Ispirato, Elijah si ritrovò a tornare al caffè quasi ogni giorno, ascoltando le storie di

Lena e condividendo frammenti del suo passato. Svilupparono un'amicizia inaspettata, uniti dall'amore per la musica e dalla passione che ancora ardeva in lui.

Un giorno, mentre erano seduti insieme dopo il suo concerto, Elijah espresse un pensiero che gli girava in testa da tempo. "Mi insegneresti a suonare di nuovo? Voglio riscoprire la musica, anche se non posso più sentirla come prima."

Lena lo guardò pensierosa. "Sarebbe un onore. La musica è espressione, e ci sono innumerevoli modi per viverla."

Nelle settimane successive, Lena divenne non solo un'amica, ma una guida. Gli insegnò tecniche diverse—focalizzandosi sulle vibrazioni del suono, sulle sfumature del ritmo e sulle emozioni dietro ogni nota. Trascorrevano ore insieme, la sua chitarra accanto al violino di Elijah, e lentamente, Elijah cominciò a sentire il senso di appartenenza tornare.

Ma il percorso non era privo di difficoltà. C'erano momenti di frustrazione, quando Elijah faticava a collegarsi alla musica come un tempo, e il dubbio cominciava a insinuarsi. "E se non riuscissi mai più a suonare come prima?" lamentò una sera, con le mani tremanti mentre posava il violino.

Lena allungò una mano rassicurante, poggiandola sulla sua spalla. "Non stai cercando di ricreare quello che eri; stai costruendo qualcosa di nuovo. Abbraccia il viaggio e permetti a te stesso di crescere."

Il suo incoraggiamento divenne un'ancora di salvezza, e lentamente, Elijah cominciò ad accettare il processo. Scoprì che l'essenza della musica era ancora dentro di lui—le sue dita ricordavano i movimenti e il suo cuore risuonava con le melodie che non poteva più udire. Con la guida di Lena, imparò a esprimere le sue emozioni attraverso la musica, creando suoni che trascendevano i limiti della sua condizione.

Con il cambiare delle stagioni, cambiò anche la loro amicizia. Si avvicinarono, condividendo vulnerabilità e sogni. Elijah trovò conforto non solo nella musica, ma nel calore della loro connessione. Lena era diventata un faro di luce nel suo mondo una volta ombroso, aiutandolo a navigare nelle profondità delle sue emozioni.

Poi, una sera, mentre si preparavano per una piccola esibizione al caffè, Elijah sentì un'ondata di fiducia. Il pubblico era in attesa e, quando il riflettore li illuminò, incrociò lo sguardo con Lena. Insieme, iniziarono a suonare, i loro suoni intrecciandosi in un modo che risuonava profondamente dentro di lui.

Le vibrazioni pulsavano attraverso di lui, e si sentì vivo come non pensava fosse più possibile. Ogni nota portava con sé il peso del loro percorso condiviso—le difficoltà, i trionfi e il legame indissolubile che avevano forgiato. Quando l'ultima nota si spense, Elijah alzò lo sguardo e vide il pubblico esplodere in un applauso, la loro gioia che riempiva la stanza come un'onda.

In quel momento, le ombre del dubbio svanirono. Elijah aveva ritrovato la sua passione, non solo per la musica, ma per la vita stessa. Era un promemoria che anche nel silenzio poteva esserci una bellezza profonda, e che le connessioni potevano formarsi oltre i limiti del suono.

Dopo l'esibizione, mentre la folla cominciava a disperdersi, Elijah si voltò verso Lena, un sorriso che gli si allargava sul viso. "Grazie per aver creduto in me. Non avrei mai pensato di poter ritrovare la strada verso la musica."

Lei sorrise, i suoi occhi brillanti di orgoglio. "Sei stato tu a farlo, Elijah. Hai trovato la tua voce in un modo che è unico per te."

Mentre uscivano nell'aria fresca della notte, le stelle brillavano sopra di loro, riflettendo il calore che era sbocciato tra di loro. Per la prima volta dopo tanto tempo, Elijah si sentì in pace. Aveva scoperto che le melodie più belle della vita spesso emergevano dalle profondità del silenzio, e che la vera amicizia poteva illuminare anche gli angoli più oscuri dell'anima.

Nell'abbraccio di quella nuova libertà, capì di non essere più solo un ex musicista alle prese con una perdita; era un artista a pieno titolo, pronto a scrivere una nuova storia piena di speranza, connessione e il potere inarrestabile della resilienza.

Vocabulary List

Italian Word	English Translation
silenzio	silence
musica	music
esibizione	performance
violino	violin
caffè	café
connessione	connection
vibrazioni	vibrations
speranza	hope
percorso	journey
orgoglio	pride
difficoltà	difficulty
guida	guide
amicizia	friendship
emozioni	emotions
dubbi	doubts
pubblico	audience
applauso	applause
risuonare	resonate
libertà	freedom
resilienza	resilience

Questions about the Story

1. What was Elijah's profession before his hearing loss?
   a) Violinist
   b) Guitarist
   c) Pianist

2. Where does Elijah first meet Lena?
   a) At a concert hall
   b) At a café
   c) In a music store

3. What does Lena teach Elijah about music?
   a) It's only about sound
   b) It's about feeling, too
   c) It's impossible to play without hearing

4. What emotion does Elijah feel during the final performance?
   a) Sadness
   b) Frustration
   c) Confidence

5. How does Elijah view himself at the end of the story?
   a) As a former musician
   b) As an artist who found his own voice
   c) As a struggling musician

Answer Key

1. a
2. b
3. b
4. c
5. b

Il Bivio

La luce del mattino filtrava attraverso il parabrezza della vecchia Subaru, illuminando le particelle di polvere che danzavano nell'aria. Rachel si aggiustò gli occhiali da sole e si voltò a guardare Marcus, i cui occhi erano fissi sulla strada davanti a loro. Un silenzio inquieto aleggiava tra di loro, denso di parole non dette e tensioni irrisolte. Questo viaggio doveva rappresentare un nuovo inizio, un'opportunità per riconnettersi, ma sembrava piuttosto un conto alla rovescia verso una separazione inevitabile.

"Sei sicuro che dovremmo farlo?" Rachel ruppe finalmente il silenzio, la voce appena un sussurro. "Siamo davvero pronti ad affrontare tutto questo?"

Marcus sospirò, passandosi una mano tra i capelli spettinati. "Non lo so, Rach. Ma se non lo facciamo ora, quando lo faremo? Non possiamo continuare a fingere che vada tutto bene."

Lei annuì, il peso delle sue parole che le si posava nello stomaco. Si stavano allontanando da mesi, le crepe nella loro relazione si allargavano con il passare dei giorni. Questo viaggio, proposto da Marcus in un momento di disperazione, era un ultimo tentativo di salvare quello che un tempo li univa. Eppure, mentre percorrevano la strada, Rachel sentiva un senso di angoscia farsi strada dentro di lei.

Il percorso che avevano scelto si snodava tra colline ondulate e piccoli paesi addormentati, un paesaggio pittoresco che contrastava nettamente con il tumulto che si agitava all'interno della loro auto. Guidarono in silenzio per ore, solo il rumore delle gomme sull'asfalto rompeva la tensione. Ogni miglio sembrava amplificare il loro disagio, e Rachel percepiva il peso dei loro problemi non risolti premere sul suo petto.

"Fermiamoci in quella tavola calda," suggerì Marcus improvvisamente, indicando un piccolo locale dall'aspetto vissuto sul lato della strada. L'insegna al neon tremolava come se faticasse a restare accesa, proprio come la loro relazione. "Avrei bisogno di un caffè."

Rachel annuì, grata per la distrazione. Entrando nel locale, l'odore di cibo fritto e caffè forte li avvolse, un conforto familiare in una giornata altrimenti scomoda. Si sedettero in un angolo, sui sedili in vinile screpolati e sbiaditi ma accoglienti.

La cameriera si avvicinò, la matita pronta sul taccuino. "Cosa vi porto?"

"Un caffè nero e il piatto del giorno," disse Marcus, lanciando uno sguardo a Rachel. Lei esitò, sfogliando il menu alla ricerca di qualcosa che potesse risvegliare il suo appetito.

"Prendo lo stesso," rispose infine, posando il menu con un sospiro.

Quando la cameriera si allontanò, il silenzio calò di nuovo, più opprimente di prima. Rachel guardava fuori dalla finestra, osservando le auto sfrecciare, ognuna portando con sé vite piene di storie e segreti. Pensò alla loro storia—così vivace un tempo, piena di sogni e risate. Ora, però, sembrava un racconto logoro vicino alla fine.

"Ti ricordi la prima volta che siamo venuti qui?" chiese Marcus improvvisamente, rompendo la quiete. "Era durante quel viaggio subito dopo il college. Eravamo così spensierati allora."

Rachel sorrise al ricordo. "Mi ricordo che ci perdemmo e finimmo in quel piccolo parco. Mi convincesti a salire su quell'albero assurdo."

"E scattammo quel selfie orribile," ridacchiò, scuotendo la testa. "Ti arrabbiasti tantissimo perché feci cadere il tuo telefono."

Lei rise piano, il calore del ricordo che le avvolgeva come un balsamo. "Sì, ero furiosa. Ma alla fine ci ridevamo sopra. Lo facevamo sempre allora."

La risata svanì, sostituita da una pesantezza familiare. "Che cosa ci è successo, Marcus?" chiese, la voce appena un sussurro. "Come siamo arrivati a questo punto?"

Lui sospirò, reclinandosi nel sedile, l'espressione pensierosa. "Credo che sia la vita. Ci siamo persi tra i lavori, le responsabilità. Mi manchi, Rach. Mi manchiamo noi, come eravamo una volta."

La cameriera tornò con il loro cibo, posando i piatti fumanti davanti a loro. L'aroma era invitante, ma Rachel sentiva poco appetito. Smuoveva il cibo, la mente che correva tra i pensieri. "È come se avessimo perso di vista l'uno l'altra. Non parliamo nemmeno più. È come se... stessimo solo esistendo."

Marcus annuì, lo sguardo abbassato sul piatto. "Lo so. Ci ho pensato molto ultimamente. Non voglio perderti, ma non so come aggiustare le cose."

Il cuore di Rachel si strinse al suo ammettere quella verità. Avrebbe voluto allungare la mano oltre il tavolo, prendergli la mano e rassicurarlo che avrebbero trovato una soluzione. Ma i muri che avevano costruito intorno a loro sembravano insormontabili.

Mentre mangiavano in silenzio, la tavola calda si riempì del chiacchiericcio degli altri clienti, del tintinnio delle posate e delle risate delle famiglie. I pensieri di Rachel tornarono ai momenti che li avevano avvicinati—passioni condivise, avventure spontanee e la promessa di un futuro costruito sui sogni. Ma ora, tutto sembrava distante, come un quadro bellissimo che sbiadisce alla luce del sole.

"Ti ricordi quella volta che abbiamo ballato sotto la pioggia?" chiese improvvisamente, una scintilla di speranza accendendosi dentro di lei. "Eravamo così spensierati e sciocchi."

Gli occhi di Marcus si illuminarono al ricordo. "Sì! Ricordo come ci bagnammo completamente e ridemmo fino alle lacrime. Sembrava che il mondo non avesse importanza."

"Esattamente," disse Rachel, il cuore che batteva forte con una nuova determinazione. "E se potessimo ritrovare quello? E se semplicemente lasciassimo andare le aspettative e le pressioni?"

La guardò, un'incertezza che gli passava sul volto. "Pensi davvero che sia possibile?"

"Voglio crederci," rispose, la voce sicura. "Forse dobbiamo solo fare un passo indietro e riscoprire chi siamo— insieme."

Dopo aver finito di mangiare, rimasero seduti al tavolo, i resti dei piatti dimenticati. La tavola calda sembrava un rifugio, un luogo dove potevano riconnettersi senza il rumore del mondo esterno. Con ogni momento che passava, i muri che li avevano separati cominciavano a sgretolarsi, le barriere del silenzio e dell'incomprensione dissolvendosi lentamente.

"Prendiamo la strada panoramica al ritorno," suggerì improvvisamente Marcus, una scintilla di spontaneità che gli brillava negli occhi. "Potremmo fermarci nei posti che amavamo, rivivere quei ricordi."

Rachel sorrise, un senso di sollievo che la inondava. "Mi piacerebbe. Creiamo nuovi ricordi."

Mentre lasciavano la tavola calda e tornavano in macchina, l'aria sembrava più leggera. La strada si estendeva davanti a loro, serpeggiando attraverso paesaggi familiari e risuonando con le risate del loro passato condiviso. Ogni curva sembrava un invito a riscoprire i pezzi di se stessi che avevano perso lungo la strada.

Guidarono in silenzio, ma stavolta era un silenzio sereno, pieno delle melodie soffuse della radio, ma stavolta, era diverso. Era un'armonia, una colonna sonora di speranza che li avvolgeva mentre navigavano nel territorio familiare. La strada era lunga e tortuosa, proprio come il loro viaggio insieme.

Con ogni miglio che passava, parlavano più liberamente, condividendo pensieri e sogni a lungo sepolti sotto strati di dubbi e delusioni. Ridevano, ricordavano e cominciavano a esplorare le profondità delle loro emozioni, affrontando le paure che avevano minacciato di separarli.

Al calar della sera, quando il sole scomparve sotto l'orizzonte, dipingendo il cielo di arancione e viola, si trovarono su un tranquillo belvedere. Scesero dall'auto e si misero fianco a fianco, ammirando la vista mozzafiato davanti a loro.

"Sono felice di aver fatto questo," disse Rachel, il cuore che si riempiva di gratitudine. "Credo che siamo finalmente sulla strada giusta."

Marcus si voltò verso di lei, l'espressione sincera. "Anch'io. Ora capisco che il nostro amore vale la pena di essere salvato. Non possiamo permettere che sia la paura a guidare le nostre scelte."

In quel momento, mentre stavano insieme sotto l'immenso cielo, Rachel sentì un senso di speranza sbocciare dentro di lei. Erano a un bivio, sì, ma avevano scelto di andare avanti insieme, mano nella mano, pronti ad abbracciare qualunque cosa li aspettasse.

Mentre le prime stelle scintillavano sopra di loro, si voltò verso Marcus e sussurrò: "Qualunque cosa accada, sono felice di essere qui con te."

Con una nuova determinazione, abbracciarono l'incertezza del loro futuro, pronti a navigare nel viaggio dell'amore, della riscoperta e delle risate. Sapevano che non sarebbe stato facile, ma erano decisi a creare una nuova storia—una che onorasse il loro passato mentre abbracciava la promessa di un domani più luminoso.

Vocabulary List

Italian Word	English Translation
bivio	crossroads
parabrezza	windshield
sussurro	whisper
aspettative	expectations
respiro	breath
ricordi	memories
determinazione	determination
speranza	hope
percorso	path
serenità	serenity
risate	laughter
dubbi	doubts
delusioni	disappointments
emozioni	emotions
destino	destiny
prospettive	perspectives
panoramica	scenic route
famiglia	family
racconto	story
condivisione	sharing

Questions about the Story

1. What was the purpose of the road trip?
   a) To find a new place to live
   b) To reconnect and solve their issues
   c) To visit friends

2. Where did they stop for coffee?
   a) A gas station
   b) A restaurant
   c) A diner

3. What did Marcus suggest after their meal?
   a) Taking the scenic route
   b) Going back home directly
   c) Stopping at a friend's house

4. What memory did Rachel recall that sparked hope in her?
   a) Their first date
   b) Dancing in the rain
   c) Climbing a tree

5. How did they feel by the end of the story?
   a) Grateful and hopeful
   b) Unsure of the future
   c) Ready to part ways

Answer Key

1. b
2. c
3. a
4. b
5. a

Il Peso dei Segreti

La famiglia Johnson si era sempre orgogliata dei suoi legami stretti, un tessuto intrecciato di esperienze condivise e tradizioni tramandate da generazioni. Ogni estate, si riunivano nella vasta tenuta di famiglia, immersa tra i pini imponenti ai bordi di un tranquillo lago. Era uno scenario pittoresco per quella che doveva essere una gioiosa riunione di famiglia, ma quell'anno una tensione sotterranea aleggiava nell'aria come elettricità statica, anticipando le rivelazioni pronte a emergere.

Quando la famiglia cominciò ad arrivare nella grande vecchia casa, l'odore familiare dei pasti fatti in casa si diffondeva nell'aria. Le risate riecheggiavano nel grande salotto, ma ogni risata sembrava leggermente forzata, come se la gioia fosse trattenuta da parole non dette. Clara Johnson, la matriarca e organizzatrice della riunione, stava accanto al camino, con un caldo sorriso sul volto, ma i suoi occhi tradivano l'ansia. Sapeva che quell'incontro non sarebbe stato semplice come negli anni passati.

I suoi figli iniziarono ad arrivare, ognuno portando con sé il peso dei propri segreti non condivisi. C'era Thomas, il figlio maggiore, che una volta era stato il ragazzo d'oro ma ora indossava la maschera del cinico stagionato. Sarah, la figlia di mezzo, era un vortice di energia e ambizione, ma dietro la facciata nascondeva una profonda solitudine. E infine c'era Emily, la più giovane, i cui sogni artistici erano oscurati dalle aspettative familiari.

"Mamma, è bello vederti!" disse Thomas, abbracciando Clara con forza. Ma quando si staccò, il sorriso svanì, sostituito da una scintilla di apprensione. "Come sta papà?"

Clara sospirò, con il cuore pesante al pensiero che la salute di suo marito stava peggiorando. "Sta riposando. Credo che verrà a cena, però."

Mentre la famiglia si sistemava nelle consuete attività, le conversazioni fluirono—si parlava di lavoro, vacanze, bambini—ogni argomento un tentativo di distrarsi dai segreti che ribollivano appena sotto la superficie. Ma Clara percepiva l'inquietudine, una barriera invisibile che sembrava separarli anche se riuniti.

Quella sera, mentre erano seduti attorno al tavolo da pranzo, Clara notò un silenzio imbarazzato calare su di loro. Era giunto il momento della tradizione annuale: condividere i ricordi delle riunioni passate, un rituale per rafforzare i loro legami. Ma quella notte era diversa. Ogni membro della famiglia mostrava un'espressione di esitazione, come se stesse preparando se stesso per una tempesta.

"Iniziamo con un ricordo divertente," suggerì Clara, cercando di rompere la tensione. "Chi ricorda quando Thomas cadde nel lago mentre cercava di impressionare quella ragazza?"

Risate esplosero, riempiendo la stanza di calore, ma l'allegria fu di breve durata. Thomas si agitò sulla sedia, ricordando non con gioia, ma con disagio. "Sì, beh, non ero l'unico a fare figuracce," replicò, lanciando un'occhiata pungente a Emily.

"Forse dovremmo condividere qualcosa di più significativo," intervenne Emily, con voce ferma ma sguardo incerto. "Che ne dite di quando trovammo le vecchie lettere della nonna in soffitta?"

Il cuore di Clara sprofondò. Aveva sperato di tenere quelle lettere sepolte, nascoste sotto strati di tempo e storia familiare. Le lettere contenevano segreti—segreti che avrebbero potuto frantumare il delicato equilibrio costruito dalla famiglia. "Non credo sia necessario rivangare quel passato," disse fermamente, anche se sentiva il peso delle sue parole gravare nell'aria.

"Perché no?" insistette Emily, con una passione che ardeva. "Quelle lettere facevano parte della nostra storia! Hanno influenzato chi siamo."

La stanza cadde nel silenzio, l'atmosfera carica di verità non dette. Clara scambiò uno sguardo con Thomas, che sembrava sempre più a disagio. "Forse dovremmo concentrarci sul presente," suggerì lui, cercando di deviare la conversazione dal fantasma incombente del passato.

Ma Emily non si fece dissuadere. "E se capire il nostro passato fosse proprio ciò di cui abbiamo bisogno per guarire?"

Il cuore di Clara batté più forte mentre realizzava che Emily aveva ragione; la storia della loro famiglia era una rete intricata di segreti e dolore non riconosciuto. Mentre i ricordi emergevano dentro di lei, Clara sapeva che doveva affrontare l'elefante nella stanza prima che soffocasse tutti.

"Va bene," disse, con la voce leggermente tremante. "Parliamo delle lettere. Ma dobbiamo promettere di affrontare tutto con amore e comprensione."

Così, Clara recuperò la scatola dalla soffitta, il cuore battente mentre la posizionava sul tavolo. Le lettere ingiallite spuntavano come fantasmi che desideravano essere riconosciuti. Fece un respiro profondo, preparandosi alle reazioni che sarebbero seguite.

Uno dopo l'altro, aprirono le lettere, il loro contenuto rivelando una storia intrisa di sofferenza e passione. La madre di Clara aveva scritto delle difficoltà nel crescere una famiglia in un'epoca in cui le aspettative gravavano pesantemente sulle donne. Ogni lettera svelava sentimenti di isolamento, amori non corrisposti e sacrifici fatti per il bene della famiglia.

Mentre le lettere venivano lette, il loro impatto cresceva. Ogni membro della famiglia lottava con le proprie emozioni—l'espressione di Thomas passava dall'indifferenza allo shock, gli occhi di Sarah si riempivano di lacrime, e la determinazione di Emily si rafforzava. Le lettere dipingevano il quadro di una stirpe oppressa dalle aspettative e dai sogni irrealizzati, rispecchiando le loro stesse lotte.

"Perché non ce ne hai mai parlato, mamma?" chiese infine Sarah, la voce carica di confusione e dolore. "Potevamo capire meglio te e noi stessi."

Clara sentì il peso della loro delusione, palpabile. "Pensavo di proteggervi. Volevo risparmiarvi il dolore che ho provato. Non volevo caricarvi con il mio passato."

"Caricarci?" esclamò Thomas, con la frustrazione che affiorava. "Abbiamo tutti portato i nostri pesi, mamma! Forse se fossi stata onesta, non ci sentiremmo così soli nelle nostre lotte."

Le parole di Thomas colpirono Clara come un colpo fisico, riverberando nel suo cuore. I muri che aveva costruito intorno alle sue emozioni iniziarono a sgretolarsi, esponendo la vulnerabilità che aveva a lungo nascosto. "Non sapevo come condividere il mio dolore senza trascinarvi dentro," ammise, con la voce rotta. "Pensavo che il silenzio fosse la scelta migliore."

In quel momento, avvenne un cambiamento profondo. La famiglia, una volta divisa dai segreti, si ritrovò unita nella vulnerabilità condivisa. Il peso delle verità non dette che aleggiava nella stanza iniziò a sollevarsi, sostituito da un'atmosfera di empatia e comprensione.

Nei giorni che seguirono, la famiglia Johnson si impegnò a favorire la trasparenza e la vulnerabilità. Clara iniziò a condividere le sue esperienze con i figli, non come un fardello, ma come fonte di forza. Organizzarono incontri di famiglia per discutere delle loro aspirazioni e delle loro paure, creando uno spazio in cui ogni voce fosse rispettata e ascoltata.

Mentre il sole estivo tramontava sul lago, tingendo l'acqua di sfumature dorate, la famiglia Johnson si riunì all'aperto, unita in un nuovo legame. Ridevano e ricordavano, intrecciando le storie del passato in un vivido arazzo di speranza e guarigione.

In quel momento di connessione, Clara provò un profondo senso di gratitudine. Il peso dei segreti si era trasformato in un'eredità di resilienza, un promemoria che la vera forza di una famiglia risiede nella capacità di affrontare insieme la verità.

Vocabulary List

Italian Word	English Translation
famiglia	family
segreti	secrets
tradizioni	traditions
riunione	reunion
tensione	tension
matriarca	matriarch
ansia	anxiety
aspettative	expectations
passato	past
dolore	pain
proteggere	to protect
vulnerabilità	vulnerability
verità	truth
silenzio	silence
legami	bonds
lacrime	tears
eredità	legacy
connessione	connection
ringraziamento	gratitude
guarigione	healing

Questions about the Story

1. What was the annual tradition at the family reunion?
   a) Sharing funny stories
   b) Reading old letters
   c) Cooking family recipes

2. What did Clara try to keep hidden?
   a) The family recipes
   b) Letters with family secrets
   c) Her past job

3. Why did Thomas feel frustrated with Clara?
   a) She hadn't shared her burdens
   b) She ignored his career
   c) She favored Sarah

4. What did the letters reveal about the family's history?
   a) They were very wealthy
   b) They were filled with struggles and sacrifices
   c) They were famous writers

5. What did the family ultimately decide to do after reading the letters?
   a) To move to a new house
   b) To have regular meetings for sharing feelings
   c) To keep everything secret

Answer Key

1. a
2. b
3. a
4. b
5. b

L'Ultimo Viaggio

La brezza salmastra scompigliava il volto segnato dal tempo del capitano Eli Thompson mentre stava sul ponte del *Sea Whisperer*, un'imbarcazione che un tempo era l'orgoglio della marina, ma ora appariva logora e stanca, proprio come il suo proprietario. I raggi del sole si riflettevano sull'acqua, proiettando scintille che danzavano come ricordi sulla superficie. A settantadue anni, Eli era ben consapevole che questo sarebbe stato il suo ultimo viaggio, il capitolo finale di una vita segnata dal mare.

Mentre osservava il paesaggio familiare del porto, la nostalgia lo travolse come onde. Ogni porto custodiva storie, persone e momenti che avevano plasmato la sua identità—un marinaio forgiato dalle maree del tempo. Inspirò profondamente, assaporando l'odore di salsedine e avventura, poi si voltò verso il fidato primo ufficiale, Mia, che stava controllando le corde.

"Sei pronto per questo, Eli?" gli chiese, sollevando lo sguardo verso di lui con una preoccupazione visibile sul viso.

"Pronto quanto posso esserlo," rispose, con voce ferma ma carica di emozione. "Issiamo le vele. È ora di dire addio ai luoghi che sono stati la mia casa."

Mentre si avventuravano nel mare aperto, il suono delle onde divenne una dolce ninna nanna, un promemoria dei tanti viaggi che aveva intrapreso. Il *Sea Whisperer* scivolava dolcemente sull'acqua, le vele gonfiate dal vento, e per un momento Eli si sentì rinvigorito, come se gli anni si dissolvessero.

La loro prima tappa era il pittoresco villaggio di pescatori di Harbor Cove, dove Eli aveva trascorso molte estati da giovane. La memoria di quella spiaggia assolata, le risate dei bambini e il mercato pieno di pesce fresco gli riempì la mente. Quando attraccarono, sentì un misto di eccitazione e malinconia.

Scendendo sul molo familiare di legno, Eli fu accolto dal suono delicato dei gabbiani e dalla vista dei pescatori che tiravano le reti. Sembrava che il tempo si fosse fermato qui, conservando l'essenza della sua giovinezza. Camminava per il villaggio, salutando vecchie conoscenze e condividendo storie del mare.

"Capitano Eli! Sono anni che non ci vediamo!" esclamò Frank, un pescatore robusto con una barba selvaggia come l'oceano. "Cosa ti porta qui?"

"Sono al mio ultimo viaggio," rispose Eli, con voce ferma ma colma di emozione inespressa. "Volevo solo rivedere i luoghi che mi stanno a cuore."

Frank gli diede una pacca sulla spalla, ridendo sonoramente. "Non rendiamola una triste occasione. Hai lasciato tanti bei ricordi in questo paese. Alziamo un bicchiere stasera!"

Mentre il sole calava all'orizzonte, il villaggio si animò con l'aroma del pesce alla griglia e le risate. Eli si ritrovò circondato da volti familiari, condividendo racconti del mare, delle avventure che una volta gli facevano battere il cuore. Eppure, sotto le risate, avvertiva il peso dell'addio imminente.

Quella notte, mentre giaceva nella cabina del *Sea Whisperer*, Eli rifletteva sulle scelte che lo avevano portato a quel momento. Il mare lo aveva sempre chiamato, offrendogli libertà e un senso di appartenenza. Ma aveva anche richiesto sacrifici—relazioni lasciate a metà, amici persi nelle maree del tempo. Aveva inseguito tempeste e sogni, ma in qualche modo aveva perso di vista le gioie semplici della vita.

La mattina seguente, l'imbarcazione salpò verso la vivace città di Port Haven, dove Eli aveva messo piede per la prima volta come giovane marinaio. Il porto era vivo di attività, l'aria impregnata dell'odore di diesel e avventura. Mentre attraccavano, i ricordi riaffioravano—notti trascorse ridendo nei pub illuminati a malapena, l'emozione della prima cattura e le amicizie forgiate nella fucina del mare.

Passeggiava nel mercato animato, soffermandosi ad ammirare i colori vivaci e la cacofonia delle voci. Era un sovraccarico di sensi, e si sentiva vivo tra il trambusto. Ma anche nel cuore della città, il peso delle sue riflessioni persisteva. Come aveva potuto permettere al mare di consumarlo così completamente?

Quella sera, Eli si trovò nel suo pub preferito, il *Salted Dog*, circondato dai volti familiari di vecchi amici. Brindarono alle sue avventure, raccontando storie selvagge divenute leggende nel corso degli anni. Eppure, mentre le risate scorrevano, Eli sentiva crescere un senso di disagio. Le storie raccontate erano vivaci, ma gli ricordavano anche ciò che aveva lasciato dietro di sé—le relazioni sfumate per la sua ossessione per il mare.

"Eli, sei una leggenda!" gridò uno dei vecchi marinai, con voce tuonante sopra il rumore. "Hai conquistato onde e tempeste. Cos'altro potresti desiderare?"

Eli si fermò, riflettendo sulla domanda. "Voglio ricordare ciò che ho perso lungo la strada," rispose con voce ferma. "C'è più nella vita che solo il mare."

Mentre continuavano a festeggiare, Eli sentì crescere dentro di sé una determinazione a riconnettersi con le parti di sé che erano state offuscate dalla ricerca incessante dell'avventura. Promise di apprezzare i giorni rimanenti del suo viaggio, non solo come marinaio ma come uomo alla ricerca di redenzione.

L'ultima tappa del suo viaggio li portò a Crescent Bay, una baia isolata dove aveva trovato conforto durante i momenti turbolenti. Il paesaggio era cambiato poco, le scogliere si ergevano come guardiani tenaci dei segreti custoditi all'interno. Quando ancorarono, Eli si prese un momento per respirare la serenità del luogo.

Con il sole che iniziava a tramontare, colorando il cielo di sfumature dorate e rosa, Eli prese una piccola barca per raggiungere la riva. Il lieve sciabordio delle onde sulla sabbia era rassicurante, e sentì una pace interiore pervaderlo. Camminava lungo la spiaggia, mentre i ricordi riaffioravano—momenti di solitudine, riflessione e la pura bellezza della natura.

Mentre il sole scompariva sotto l'orizzonte, gettando un caldo bagliore sull'acqua, Eli percepì una presenza accanto a sé. Era Mia, con uno sguardo contemplativo. "Sei stato silenzioso," osservò con voce dolce.

"Sto solo riflettendo," rispose Eli, fissando l'immensità dell'oceano. "Questo viaggio mi ha fatto capire che è tempo di affrontare il mio passato, di capire cosa conta davvero."

Mia annuì, seguendo il suo sguardo. "Hai dato tanto al mare, ma va bene prendersi un momento per te stesso. Cosa farai ora?"

"Voglio scrivere," disse, con una chiarezza appena emersa. "Ho sempre voluto condividere le mie storie, le lezioni apprese lungo la strada. Forse è giunto il momento di ancorare il mio cuore altrove."

Quella notte, seduti insieme sulla spiaggia, con le stelle scintillanti sopra di loro, Eli iniziò a condividere i suoi racconti d'avventura—le tempeste affrontate, le amicizie forgiate e le lezioni apprese. Mia ascoltava attentamente, la sua presenza un dolce promemoria che il viaggio di scoperta di sé non doveva essere intrapreso da solo.

All'alba su Crescent Bay, Eli sentì un rinnovato senso di scopo. Era pronto ad abbracciare il prossimo capitolo della sua vita—uno che onorava il suo passato mentre tracciava un percorso verso il futuro. Il peso dei segreti che avevano aleggiato nel suo cuore iniziò a svanire, sostituito dalla promessa di nuovi inizi.

Con ogni giorno che passava durante il suo viaggio, aveva compreso che, sebbene il mare lo avesse plasmato, erano le connessioni che aveva creato e le storie che aveva condiviso a definire davvero la sua eredità. L'ultimo viaggio non riguardava solo le destinazioni; riguardava l'abbracciare ogni momento, ogni lezione e ogni relazione che aveva influenzato l'uomo che era diventato.

Mentre salpava verso casa, Eli sentì una profonda gratitudine. Aveva trovato la pace dentro di sé, una calma che lo avrebbe accompagnato nel suo viaggio futuro. Il suono delle onde che si infrangevano contro lo scafo riecheggiava il ritmo del suo cuore, saldo e risoluto, guidandolo verso un orizzonte colmo di possibilità infinite.

Vocabulary List

Italian	English
Capitano	Captain
Brezza	Breeze
Oceano	Ocean
Navigazione	Navigation
Ancorare	To anchor
Tempesta	Storm
Avventura	Adventure
Vecchio	Old
Ricordo	Memory
Tristezza	Sadness
Giovinezza	Youth
Riflettere	To reflect
Redenzione	Redemption
Segreto	Secret
Viaggio	Voyage
Amicizia	Friendship
Tramonto	Sunset
Destinazione	Destination
Libertà	Freedom
Scoperta	Discovery

Questions about the Story

1. Where did Captain Eli start his last voyage?
   a) Harbor Cove
   b) Crescent Bay
   c) Port Haven

2. Who accompanied Eli on his journey?
   a) Frank
   b) Mia
   c) Thomas

3. Why was Eli on his last voyage?
   a) He was looking for treasure
   b) He was ready to say goodbye to the sea
   c) He wanted to become a fisherman

4. What did Eli decide to do after his final voyage?
   a) To build a new boat
   b) To write and share his stories
   c) To live in Crescent Bay

5. Where did Eli feel the most peace?
   a) Harbor Cove
   b) Port Haven
   c) Crescent Bay

Answer Key

1. a
2. b
3. b
4. b
5. c

Le Maschere che Indossiamo

Nelle scintillanti torri di vetro del centro di San Francisco, dove ambizione e innovazione si fondono in un'atmosfera elettrizzante, Miranda Hale era al timone della sua fiorente startup tecnologica, PulseTech. Celebre imprenditrice, era conosciuta per il suo intelletto acuto, la sua determinazione incrollabile e la straordinaria capacità di ispirare gli altri. Sul palco, era un faro di fiducia, con un sorriso radioso mentre teneva potenti discorsi che affascinavano il pubblico e gli investitori.

Eppure, sotto l'esterno lucido, dentro di lei imperversava una tempesta. Il peso della sua persona pubblica gravava pesantemente sulle sue spalle, un costante promemoria delle aspettative che aveva posto su di sé e che altri avevano imposto su di lei. Mentre navigava nel mondo ad alta pressione degli affari, Miranda si sentiva spesso come un'impostora, una donna che interpretava qualcuno che aveva creato, piuttosto che essere fedele a se stessa.

Alla vigilia di un importante lancio di prodotto, il culmine di mesi di lavoro instancabile, Miranda si ritrovò a fissare il suo riflesso nel vetro della finestra del suo ufficio. La città si estendeva davanti a lei, vibrante e viva, eppure lei si sentiva disconnessa, come se stesse guardando un mondo che non poteva più abitare. Il suo riflesso la guardava indietro con un sorriso composto, ma dentro di lei stava crollando, intrappolata in una rete di insicurezza e ansia.

"Miranda, sei pronta per domani?" le chiese la sua assistente, Lily, interrompendo il silenzio che aveva avvolto la stanza.

"Certo," rispose, forzando un sorriso che non arrivò ai suoi occhi. "Solo un po' di ansia da pre-lancio."

"Ansia? Sei una star! Farai un lavoro straordinario," la incoraggiò Lily, il suo entusiasmo contagioso.

"Grazie, Lily," disse Miranda, ma anche mentre parlava, poteva sentire la vuotezza delle sue parole. Era esausta, non solo fisicamente ma anche emotivamente, lottando per mantenere la facciata che tutti si aspettavano da lei.

Quella notte, mentre era a letto, l'insonnia familiare si insidiò. Si girava e rigirava, ripassando gli eventi del giorno e le aspettative che pesavano su di lei. La pressione del successo era diventata soffocante, e capì che non poteva più ignorare il crescente divario tra il suo sé pubblico e le sue lotte private.

Quando arrivò il mattino, indossò la sua armatura—una giacca su misura, capelli perfettamente acconciati e il suo caratteristico rossetto deciso. Mentre stava davanti allo specchio, ripassava il suo discorso, un mantra di empowerment che era diventato una seconda natura. Ma dentro di sé sentiva una voce insistente che metteva in dubbio la sua autenticità. "Chi sei davvero?" sussurrava.

L'evento di lancio fu un vortice di emozione, una celebrazione piena di leader del settore, giornalisti e potenziali investitori. Miranda affascinò la folla con la sua compostezza e il suo fascino, presentando una dimostrazione che suscitò entusiasmo e applausi. Tuttavia, tra gli elogi, si sentiva come un fantasma che osservava da lontano, disconnessa dal trionfo che la circondava.

Man mano che la serata avanzava, si allontanò dai festeggiamenti, cercando rifugio su un balcone che dominava la città scintillante. La fresca brezza la avvolse, portando un momento di tregua dal caos. Nella solitudine, sentì la sua maschera cominciare a scivolare.

Fu allora che notò una giovane donna seduta da sola sul bordo del balcone, con uno sguardo contemplativo mentre osservava lo skyline. Miranda si avvicinò a lei, spinta da un istinto naturale di connessione.

"Vista splendida, vero?" osservò Miranda, appoggiandosi alla ringhiera accanto a lei.

La donna si girò, sorpresa. "Assolutamente. È davvero incredibile qui. Io sono Julia, a proposito."

"Miranda," rispose, tendendo una mano. "Lavori nella tecnologia?"

Julia rise piano. "In realtà, sono una scrittrice freelance. Sono venuta per coprire l'evento di lancio. E tu? Sei la protagonista della serata."

"Sì, beh," iniziò Miranda, sentendo un'ondata di insicurezza che la invadeva, "sono la CEO di PulseTech."

Julia annuì, con un'espressione pensierosa. "È impressionante. Ma devo chiedertelo—non ti sembra mai che sia tutto una recita?"

Miranda trattenne il respiro. "Non hai idea," confessò, le parole uscirono senza freni. "Mi sembra sempre di indossare una maschera, di fingere di essere qualcuno che non sono."

Julia la osservò per un momento, un sorriso comprensivo si diffuse sul suo volto. "Penso che molti di noi lo facciano. C'è così tanta pressione per adattarsi a questi ruoli, per mantenere un'immagine. È estenuante."

"Sì!" esclamò Miranda, sollevata nel trovare qualcuno che la comprendesse. "Sono costantemente preoccupata di deludere tutti. Gli investitori, i miei dipendenti, persino me stessa. Ma chi sono davvero?"

"Forse è ora di iniziare a togliere quei veli," suggerì Julia con dolcezza. "Che ne dici di permetterti di essere vulnerabile? È liberatorio, sai."

Il pensiero risuonò in Miranda, smuovendo qualcosa di profondo dentro di lei. Per troppo tempo aveva permesso che le aspettative degli altri definissero la sua identità. Cosa sarebbe successo se avesse abbracciato il suo vero sé, con tutte le sue imperfezioni?

"Grazie per questa conversazione," disse Miranda, la voce ferma con una nuova determinazione. "Penso che dovrò riconsiderare cosa significhi davvero il successo per me."

Mentre continuavano a parlare, condividendo paure e aspirazioni, il peso della maschera di Miranda si fece più leggero. Per la prima volta dopo tanto tempo, si sentì vista —non come una imprenditrice di successo, ma come un essere umano che lottava con i propri dubbi e desideri.

Quando l'evento finì, Miranda tornò a casa, con la mente in fermento di pensieri e possibilità. Sapeva che il cammino davanti a lei non sarebbe stato facile. Abbracciare la vulnerabilità richiedeva coraggio e onestà, sia con sé stessa che con chi le stava attorno.

La mattina seguente, si sedette con il suo team, il cuore che batteva forte mentre si preparava a parlare. "Voglio condividere qualcosa con tutti voi," iniziò, guardando ciascuno negli occhi. "Ho riflettuto sul nostro lavoro e sul mio ruolo come vostro leader. Mi rendo conto di aver lasciato che le pressioni del settore plasmino la mia identità, e ho avuto paura di mostrare il mio vero io."

Un'ondata di sorpresa attraversò la stanza, ma mentre continuava, vide comprensione negli sguardi dei suoi collaboratori. "Voglio che creiamo un ambiente in cui possiamo essere onesti e aperti riguardo alle nostre difficoltà, dove ci supportiamo oltre i nostri ruoli professionali. In fin dei conti, siamo più dei nostri titoli."

Mentre parlava, sentì un peso sollevarsi dalle sue spalle. Era un piccolo passo, ma significativo—un salto verso l'autenticità. Nei giorni successivi, Miranda incoraggiò il suo team a condividere le proprie vulnerabilità e idee. L'atmosfera si trasformò, fiorendo in una cultura di collaborazione e fiducia.

Iniziò anche a esplorare i suoi interessi al di fuori del lavoro, prendendo in mano un pennello e riscoprendo la gioia della creatività che era stata offuscata dalle sue ambizioni imprenditoriali. I colori fluivano liberamente, ogni pennellata un'espressione del suo vero io.

Passarono i mesi, e Miranda si ritrovò ancora a un bivio— ma questa volta con una visione più chiara del suo futuro. Decise di scrivere un libro sulle sue esperienze, intrecciando le lezioni che aveva appreso sull'identità, la vulnerabilità e le maschere che le persone indossano.

Quando il libro fu pubblicato, risuonò con lettori di tutto il mondo. Le persone le scrivevano, condividendo le proprie difficoltà con l'identità e le pressioni delle aspettative sociali. Aprendosi sul suo viaggio, Miranda trovò una connessione più profonda con il suo pubblico—un promemoria che tutti stavano navigando nelle complessità della vita insieme.

Mentre si trovava davanti a una folla per una sessione di autografi, sentì un profondo senso di appagamento. Il viaggio era stato difficile, ma nell'abbracciare il suo vero io, aveva scoperto il potere dell'autenticità—non solo per sé, ma per coloro che le stavano intorno.

Le maschere potevano aver avuto uno scopo una volta, ma ora comprendeva l'importanza di toglierle, di rivelare gli strati sottostanti. In un mondo che spesso richiedeva perfezione, Miranda aveva imparato che la vulnerabilità non era una debolezza ma una forza—un ponte che collegava i cuori e favoriva connessioni genuine.

In quel momento, mentre firmava l'ultimo libro della giornata, sentì un senso di gratitudine travolgente. Aveva affrontato la tempesta del dubbio e ne era uscita più forte, pronta ad affrontare qualsiasi sfida le si presentasse. Il viaggio di riscoperta era in corso, ma per la prima volta dopo anni, Miranda si sentiva veramente in pace.

Vocabulary List

Italian	English
Torre	Tower
Ambizione	Ambition
Imprenditrice	Entrepreneur
Facciata	Facade
Maschera	Mask
Aspettative	Expectations
Successo	Success
Vulnerabilità	Vulnerability
Dubbi	Doubts
Autenticità	Authenticity
Coraggio	Courage
Cultura	Culture
Fiducia	Trust
Team	Team
Identità	Identity
Connessione	Connection
Obiettivi	Goals
Sorriso	Smile
Paura	Fear
Sfida	Challenge

Questions about the Story

1. Where does Miranda work?
   a) Los Angeles
   b) New York
   c) San Francisco

2. What is Miranda struggling with internally?
   a) Financial issues
   b) Her true identity
   c) A family problem

3. Who does Miranda meet at the launch event?
   a) Julia
   b) Lily
   c) Frank

4. What advice does Julia give to Miranda?
   a) To ignore criticism
   b) To embrace vulnerability
   c) To focus only on work

5. What new activity does Miranda take up?
   a) Dancing
   b) Writing music
   c) Painting

Answer Key

1. c
2. b
3. a
4. b
5. c

Le Cronache del Cambiamento

La città è sempre stata un organismo vivente, pulsante di vita, cultura e storie che aspettavano di essere svelate. Per Isabel Morales, una giornalista esperta, era sia un campo di gioco che un campo di battaglia, pieno di narrazioni che chiedevano di essere raccontate. Eppure, mentre sedeva nel suo caffè preferito, sorseggiando un espresso tiepido, non riusciva a scrollarsi di dosso la sensazione che la città che amava le stesse lentamente scivolando tra le dita.

La gentrificazione era entrata come un ladro nella notte, trasformando il vibrante quartiere di El Cielo in un'ombra di sé stesso. Isabel era cresciuta in questa comunità, dove i suoni delle risate, della musica e i ricchi aromi del cibo di strada si fondevano in un arazzo di vita. Ora, boutique di lusso e caffetterie alla moda costellavano le strade dove un tempo prosperavano i venditori locali. Il cambiamento era palpabile, ma le storie dietro di esso erano ciò che la affascinava.

Con il taccuino in mano, Isabel si imbarcò in un viaggio per indagare il vero impatto della gentrificazione. Voleva scoprire le storie umane dietro le statistiche, dare voce a coloro che si sentivano emarginati nelle proprie case. Armata di bloc-notes e macchina fotografica, scese per le strade animate di El Cielo, determinata a documentare il paesaggio in evoluzione.

La sua prima tappa fu il centro comunitario locale, un punto di riferimento per i residenti del quartiere. Appena entrata, l'odore familiare di spezie e prodotti da forno freschi la avvolse, un dolce-amaro ricordo della cultura che aveva prosperato lì. Le pareti erano adornate di fotografie di eventi passati, che mostravano la vivace storia della comunità.

"Ehi, Isabel!" chiamò Rosa, la direttrice del centro comunitario, il suo sorriso caloroso un faro di familiarità. "Sei qui per aiutarci a pianificare l'evento?"

Isabel rise. "Magari! In realtà sto lavorando a un pezzo sui cambiamenti che stanno accadendo nel quartiere. Voglio sentire il tuo pensiero sulla gentrificazione."

L'espressione di Rosa cambiò, un'ombra di preoccupazione attraversandole il viso. "È un argomento complicato. Molti di noi sentono la pressione. Gli affitti stanno salendo, e le nostre amate attività stanno lottando per sopravvivere."

Sedute a un tavolo ingombro di volantini e opuscoli, Rosa raccontò le storie delle attività locali che stavano chiudendo, con la voce velata di emozione. "La scorsa settimana abbiamo perso il chiosco di taco di Don Luis. È stato qui per oltre vent'anni, ma l'aumento dell'affitto ha reso impossibile per lui rimanere."

Isabel annotò furiosamente, sentendo il peso delle parole di Rosa posarsi sul petto. "Come pensi che possiamo preservare l'essenza di El Cielo pur accogliendo i nuovi sviluppi?" chiese, sinceramente curiosa.

"Si tratta di equilibrio," rispose Rosa, la fronte corrugata in un pensiero. "Dobbiamo far sentire la nostra voce, assicurarci che venga ascoltata. Non dovremmo dover scegliere tra il progresso e la nostra cultura."

Colpita dalla passione di Rosa, Isabel continuò la sua indagine, intervistando proprietari di negozi, residenti di lunga data e nuovi arrivati. Con ogni conversazione, scoprì un intreccio di emozioni—perdita, speranza, risentimento e resilienza. Un giovane artista si lamentò della perdita di uno spazio per studio; una madre single espresse le sue paure di essere costretta a lasciare la sua casa; una coppia anziana rievocò il passato vibrante del quartiere.

Attraverso le loro storie, Isabel iniziò a riconoscere i propri pregiudizi. Da estranea, aveva spesso visto la gentrificazione attraverso la lente del progresso e dello sviluppo, assumendo che il cambiamento fosse intrinsecamente positivo. Eppure, più si addentrava, più capiva che ogni storia rappresentava un filo nel tessuto di El Cielo—ogni persona intrecciata in una complessa rete di storia, cultura e comunità.

Con l'avvicinarsi della scadenza, Isabel sentì l'urgenza di intrecciare queste narrazioni nel suo articolo, per sfidare le percezioni sulla gentrificazione. Passò notti insonni a scrivere, con il cuore appesantito dalla consapevolezza delle vite colpite dai cambiamenti. Sapeva che questa storia era più di un semplice progetto giornalistico; era un tributo alle persone che avevano plasmato il suo quartiere e, in molti modi, la sua identità.

Il giorno della pubblicazione, Isabel si trovò al centro comunitario, stringendo nervosamente una copia del giornale. Mentre i residenti si riunivano per un incontro, si mise davanti a loro, il peso dell'attesa nell'aria. "Ho scritto un articolo sulla nostra comunità e sui cambiamenti che stiamo affrontando," iniziò, la voce ferma ma intrisa di emozione. "Spero che renda onore alle vostre storie e contribuisca a fare luce sull'impatto della gentrificazione."

Distribuendo le copie, osservò le reazioni dei presenti— alcuni volti si illuminavano di riconoscimento, mentre altri riflettevano un misto di gratitudine e dolore. Quando Rosa finì di leggere, i suoi occhi brillavano di lacrime trattenute. "È potente, Isabel. Grazie per averci ascoltato."

Isabel provò un'ondata di orgoglio, ma era consapevole delle complessità che l'attendevano. La gentrificazione non si sarebbe fermata da un giorno all'altro; la battaglia per l'identità di El Cielo era tutt'altro che finita. Ma ora, c'era una voce—una narrazione che risuonava con i battiti del cuore della comunità.

Nelle settimane che seguirono, Isabel continuò a partecipare agli incontri della comunità, partecipando alle discussioni sulla preservazione, l'advocacy e il progresso. Divenne parte del movimento per proteggere il quartiere, usando la sua piattaforma per amplificare le voci di chi era stato silenziato. La comunità si mobilitò, lavorando per trovare soluzioni che abbracciassero il cambiamento pur rispettando il passato.

Col cambiare delle stagioni, anche il paesaggio di El Cielo si trasformò. Nuove attività prosperarono accanto ai vecchi preferiti, e i residenti si unirono per celebrare la loro ricca eredità. Isabel si ritrovò trasformata dal viaggio, non solo come giornalista, ma come membro di una comunità che prosperava sulla resilienza e la connessione.

Una sera, mentre camminava per le strade di El Cielo, si fermò ad ammirare un murale apparso sul lato di un edificio. Raffigura i volti dei fondatori del quartiere, vibranti e vivi nei colori. Sotto, un messaggio diceva: "Le nostre storie contano."

In quel momento, Isabel capì di aver trovato il suo posto—non solo come narratrice, ma come custode delle narrazioni che modellavano la comunità. Le cronache del cambiamento non riguardavano solo la lotta contro la gentrificazione; erano un simbolo del potere dell'unità, dell'empatia e del viaggio condiviso verso un futuro che onorava il passato.

Mentre il sole tramontava, tingendo il cielo di sfumature dorate e cremisi, Isabel sentì una sensazione di speranza avvolgerla. Il peso dei segreti si era trasformato in un arazzo di storie, un'eredità di resilienza che avrebbe continuato a echeggiare per le strade di El Cielo per le generazioni a venire.

Vocabulary List

Italian	English
città	city
cambiamento	change
comunità	community
quartiere	neighborhood
gentrificazione	gentrification
articolo	article
giornalista	journalist
storia	story
ricordi	memories
conservazione	preservation
tessuto	fabric
speranza	hope
progresso	progress
resilienza	resilience
orgoglio	pride
coinvolgere	involve
appartenenza	belonging
piattaforma	platform
riunione	meeting
murale	mural

Questions about the Story

1. What is Isabel's profession?
   a) Artist
   b) Journalist
   c) Teacher

2. What neighborhood does Isabel investigate?
   a) El Cielo
   b) La Loma
   c) El Bosque

3. Who is the community center director?
   a) Elena
   b) Julia
   c) Rosa

4. What problem is Isabel's community facing?
   a) Gentrification
   b) Pollution
   c) Crime

5. What message is written under the mural Isabel sees?
   a) "Strength in unity"
   b) "Our stories matter"
   c) "Together we stand"

Answer Key

1. b
2. a
3. c
4. a
5. b

Un Nuovo Orizzonte

Il ronzio delle luci fluorescenti riempiva l'aria nello spazio sterile dell'ufficio, proiettando una luce fredda sulle file di cubicoli. Emma Sinclair era seduta alla sua scrivania, le dita sospese sopra la tastiera, ma la sua mente vagava lontano dai fogli di calcolo e dai rapporti trimestrali che un tempo avevano consumato ogni ora della sua giornata. Solo una settimana prima, si sentiva al culmine del successo—un'ambiziosa project manager in un lavoro aziendale di alto livello, in procinto di ottenere una promozione che sembrava ormai a portata di mano. Ma poi era arrivato l'incidente, la telefonata che aveva infranto l'illusione di sicurezza e controllo.

Il ricordo le tornava in mente come un film in loop: la voce urgente all'altro capo, le discussioni frenetiche con la polizia, l'incredulità mentre cercava di accettare la perdita della sua migliore amica, Lily, portata via troppo presto in un tragico incidente. Il mondo aveva perso il suo equilibrio, e nulla sembrava più lo stesso. Emma aveva continuato a vivere le sue giornate, ma dentro di sé si sentiva a pezzi.

"Emma, ci sei?" la interruppe il collega, Mark, sporgendosi sopra il muro del suo cubicolo. La fronte aggrottata per la preoccupazione. "Sembri persa nei tuoi pensieri. Il team conta su di te per questa presentazione."

"Sì, certo, la presentazione," mormorò, forzando un sorriso che non le raggiunse gli occhi. "Ci sto lavorando."

Mentre tornava al computer, sentiva una crescente sensazione di soffocamento. Il mondo aziendale era diventato una gabbia dorata, intrappolandola in una vita che non risuonava più con la sua anima. Emma si rese conto di aver vissuto il sogno di qualcun altro—uno dettato dalle aspettative della società, della sua famiglia e dall'ambizione incessante che l'aveva spinta per anni. Ma ora, sul precipizio del dolore, sentiva un bisogno urgente di riscrivere la propria storia.

Quella sera, mentre era seduta da sola nel suo appartamento, lo skyline della città illuminato da mille luci tremolanti, emerse un pensiero radicale: e se lasciasse tutto alle spalle? E se viaggiasse per il mondo, cercasse l'avventura e ridefinisse il proprio scopo? Era un'idea fugace, eppure accese una scintilla dentro di lei—un barlume di libertà che sembrava impossibile ma irresistibile.

La mattina seguente, Emma era seduta al tavolo della cucina, una tazza di caffè fumante tra le mani. Mentre leggeva blog di viaggio e storie di avventurieri che si erano lanciati nell'ignoto, il desiderio di sfuggire alla monotonia della sua vita si concretizzò in un piano. Avrebbe preso un congedo, usando i risparmi per finanziare i suoi viaggi, e avrebbe riscoperto il mondo—e se stessa.

Con il cuore che batteva forte, scrisse la sua lettera di dimissioni, infondendo ogni riga con il desiderio e l'insoddisfazione che sentiva dentro. "Ho bisogno di esplorare nuovi orizzonti," scrisse. Dopo un attimo di esitazione, cliccò su "invia". Un misto di eccitazione e paura le scorreva nelle vene. Ormai non si poteva tornare indietro.

Settimane dopo, in piedi all'aeroporto, Emma sentiva il peso della sua decisione. Un'inedita sensazione di eccitazione e ansia si mescolavano mentre stringeva la sua carta d'imbarco. Quando l'aereo si alzò sopra le nuvole, guardò fuori dal finestrino, osservando la sua vita rimpicciolirsi sotto di lei. La città che aveva conosciuto per anni svaniva in una sfocatura, e con essa, la vita che aveva costruito.

La sua prima destinazione era una piccola città costiera in Portogallo, famosa per le scogliere spettacolari e la cultura vivace. Mentre passeggiava tra le stradine acciottolate, la brezza salata le scompigliava i capelli e il suono delle onde che si infrangevano sulle rocce le riempiva le orecchie. Per la prima volta in mesi, sentì una sensazione di pace invaderla.

Ogni giorno si apriva come un nuovo capitolo di un libro ancora da scrivere. Emma si immerse nella cultura locale, imparando a cucinare piatti tradizionali, partecipando a festival e connettendosi con abitanti del posto che la accolsero a braccia aperte. Con ogni conversazione, sentiva che il dolore si dissolvesse, sostituito da un rinnovato senso di appartenenza.

Eppure, mentre viaggiava dal Portogallo alla Spagna, all'Italia e oltre, non riusciva a liberarsi delle ombre del passato. I ricordi di Lily la perseguitavano, manifestandosi in momenti fugaci—il suono di una risata, il profumo della lavanda nell'aria, i sogni che avevano condiviso. Fu durante una serata tranquilla in una piazza soleggiata a Firenze che Emma sentì il peso della perdita più acutamente. La vivacità che la circondava contrastava dolorosamente con il vuoto dentro di lei.

Seduta a un caffè, si ritrovò a riflettere sui sogni che avevano condiviso. "Volevamo viaggiare il mondo insieme," sussurrò al vento, con il cuore a pezzi. "Non avrei mai voluto farlo senza di te."

Una voce gentile interruppe i suoi pensieri. "Viaggiare è un modo bellissimo per onorare chi abbiamo perso," disse una donna seduta al tavolo accanto, con uno sguardo comprensivo. "Vivono nei nostri ricordi, nelle storie che condividiamo e nelle avventure che intraprendiamo."

Emma alzò lo sguardo, sorpresa dalla saggezza della sconosciuta. "Ha ragione. È solo... difficile lasciar andare."

La donna annuì con saggezza. "Il lutto è un percorso complesso. Accoglilo e lascia che ti guidi, ma non permettere che ti definisca. Hai il potere di creare nuovi ricordi e avventure."

In quel momento, Emma sentì un cambiamento dentro di sé. Il viaggio non riguardava solo la fuga dal passato ma anche la creazione di un nuovo cammino. Poteva portare con sé lo spirito di Lily, onorando i sogni condivisi attraverso nuove esperienze.

Con rinnovata determinazione, Emma abbracciò l'orizzonte davanti a sé. Esplorò i paesaggi mozzafiato della Costiera Amalfitana, scalò le colline della Toscana e si meravigliò delle antiche rovine di Roma. Ogni esperienza si aggiungeva al mosaico del suo viaggio, intrecciando fili di perdita, speranza e riscoperta.

Col passare dei mesi, iniziò a documentare i suoi viaggi in un diario, versando pensieri, emozioni e le storie delle persone che incontrava sulle pagine. Scrivere divenne una liberazione, un mezzo per connettersi con le sue esperienze mentre navigava le complessità del lutto.

In un mercato vibrante a Marrakech, scambiò due parole con un artista locale che dipingeva murales vivaci ispirati alla sua cultura. "La tua arte riflette il tuo viaggio," le disse. "Ogni pennellata racconta una storia."

Emma capì di voler fare lo stesso. Con ogni nuova destinazione, avrebbe condiviso le storie di chi incontrava, creando un mosaico di voci che celebrava la ricchezza della vita.

Quando infine tornò a casa, non era la stessa donna che era partita. Si era trasformata, portando con sé una comprensione più profonda di sé stessa e del mondo che la circondava. La città una volta familiare ora sembrava viva di possibilità, una tela pronta a essere dipinta di nuovo.

Nei mesi seguenti, Emma riversò il cuore nella scrittura di un libro di memorie di viaggio che raccontava il suo percorso, le sue difficoltà e le lezioni apprese lungo la strada. Con ogni capitolo, abbracciò la propria vulnerabilità, intrecciando l'essenza di chi aveva perso, inclusa Lily.

Il giorno della pubblicazione del libro, Emma si trovò davanti a una folla di amici, familiari e viaggiatori in una libreria locale, con il cuore che batteva forte per l'emozione. "Questo libro è per te, Lily," iniziò, con la voce sicura ma piena di emozione. "Mi hai ispirato a vivere appieno, e in ogni parola, porto te con me."

Mentre condivideva il suo viaggio, le sue parole risuonarono nel pubblico, colmando i vuoti delle loro esperienze ed emozioni. Emma sapeva che l'orizzonte non era solo una destinazione; era un viaggio continuo di crescita, guarigione e celebrazione delle storie interconnesse della vita.

In quel momento, capì che il potere di un nuovo orizzonte non risiedeva solo nell'esplorazione del mondo intorno a lei ma anche nella volontà di affrontare il suo paesaggio interiore. Aveva imparato a navigare le complessità del passato, a onorare i suoi ricordi e ad abbracciare le infinite possibilità che si presentavano davanti a lei. Il mondo era vasto, e con ogni passo in avanti, si sentiva più viva che mai.

Vocabulary List

Italian Word	English Translation
ronzio	buzz
cubicolo	cubicle
pressione	pressure
sogni condivisi	shared dreams
paesaggio	landscape
tela	canvas
viaggio	journey
dipingere	to paint
destinazione	destination
esplorare	to explore
abbracciare	to embrace
quotidiano	daily
liberazione	release
sfumatura	hue
avventura	adventure
rimpianti	regrets
perdite	losses
intessere	to weave
conforto	comfort
legame	bond

Questions about the Story

1. What did Emma decide to do after feeling trapped in her corporate job?
   a) Take a sabbatical
   b) Seek a promotion
   c) Move to a new apartment

2. Where was Emma's first travel destination?
   a) Spain
   b) Portugal
   c) Italy

3. What did Emma use to document her travels?
   a) A blog
   b) A video diary
   c) A journal

4. Who inspired Emma to write a book?
   a) Lily
   b) Mark
   c) The artist she met

5. What is the main theme of Emma's journey?
   a) Fame
   b) Grief and healing
   c) Adventure

Answer Key

1. a
2. b
3. c
4. a
5. b

L'Esperimento dell'Empatia

Nel 2045, l'umanità si trovava sull'orlo di una nuova era, definita non solo dalla tecnologia ma anche dall'esplorazione della condizione umana. Il Progetto Empatia, un'iniziativa concepita da un collettivo di neuroscienziati e filosofi, prometteva di ridefinire le connessioni interpersonali. Alcuni volontari furono selezionati per partecipare a un esperimento innovativo che avrebbe permesso loro di vivere le emozioni degli altri—un viaggio immersivo nei cuori e nelle menti altrui.

Tra i partecipanti c'era Claire Chen, una responsabile marketing sulla trentina, la cui vita era meticolosamente organizzata. In apparenza, Claire aveva tutto: una carriera di successo, un accogliente appartamento nel cuore della città e una vita sociale fiorente. Eppure, dietro la sua facciata perfetta, si nascondeva un senso di disconnessione. Il ritmo implacabile della sua vita aziendale l'aveva lasciata sempre più isolata, intrappolata in un mondo di interazioni superficiali.

Quando entrò nella struttura elegante e minimalista che ospitava il Progetto Empatia, il suo cuore batteva per l'anticipazione e l'apprensione. Lo spazio era carico di un misto di eccitazione e trepidazione. Ogni partecipante rifletteva l'ampio spettro della società—studenti, artisti, insegnanti in pensione e persino un ex soldato. Erano lì per ragioni diverse, ma condividevano un obiettivo comune: comprendere gli altri in modi che andassero oltre le parole.

"Benvenuti a tutti," annunciò il dottor Marcus Reed, scienziato capo del progetto, con una voce che trasmetteva autorità e calore. "Oggi, inizierete un viaggio che cambierà il modo in cui percepite non solo gli altri, ma anche voi stessi. La nostra tecnologia vi permetterà di vivere le emozioni di un'altra persona attraverso una connessione neurale."

Claire provava una combinazione di curiosità e scetticismo. Era davvero possibile sentire il dolore, la gioia e la tristezza di un'altra persona? L'idea la intrigava, ma un dubbio persistente continuava a tormentarla.

La prima fase dell'esperimento prevedeva l'accoppiamento dei partecipanti per scambi emotivi. Claire fu abbinata a Noah, un artista introverso con un'aura misteriosa. Mentre si sistemavano in una stanza accogliente ma sterile, l'atmosfera cambiò. Claire percepiva l'apprensione di Noah e, per la prima volta, sentì un barlume di empatia.

"Siete pronti?" chiese il dottor Reed, con lo sguardo che passava da uno all'altro. "Indosserete ciascuno un casco neurale che faciliterà il trasferimento emotivo. Ricordate, la vulnerabilità è fondamentale. Lasciatevi andare."

I caschi si incastrarono al loro posto, e Claire fece un respiro profondo. Il mondo intorno a lei svanì, sostituito da un paesaggio etereo di colori e sensazioni turbinanti. Era come se fosse entrata in un dipinto vivente, ogni tonalità rappresentava un'emozione.

All'improvviso, sentì la tristezza di Noah inondarla come una marea fredda. Era pesante e soffocante, il tipo di tristezza che parla di perdita e desiderio. Immagini di un passato pieno di rifiuti e delusioni le invasero la mente, ognuna un frammento della sua storia. Lo vide da bambino, che disegnava da solo nel cortile della scuola mentre gli altri ridevano e giocavano. L'isolamento che provava le trafisse il cuore.

"Perché ti senti così solo?" sussurrò Claire, la voce incrinata mentre lottava con il peso delle sue emozioni.

Poi, come in risposta alla sua domanda, la scena cambiò. Un'ondata di calore la avvolse, piena di gialli e arancioni vivaci, e sentì accendersi dentro di sé la passione di Noah per l'arte. Capiva l'eccitazione che provava mentre creava, il flusso di colori che si mescolavano su una tela, la gioia di essere finalmente visto attraverso il suo lavoro.

In quel momento, i confini tra loro svanirono, e Claire sperimentò l'intricata trama dell'esistenza di Noah. Dolore e gioia si intrecciavano, lasciandola senza fiato. Quando la connessione si interruppe, Claire si ritrovò ansimante, le lacrime che le rigavano il viso.

"Stai bene?" chiese Noah, la sua voce un balsamo rassicurante tra le scosse emotive dell'esperienza condivisa.

"Non ho mai sentito nulla di simile," rispose, ancora sconvolta dal turbine emotivo. "È stato così intenso. Mi sembra di capire te in modi che non avrei mai pensato possibili."

Noah annuì, il suo sguardo addolcito. "Non mi aspettavo fosse così profondo neanche io. È come se avessi messo a nudo la mia anima, e tu fossi lì a testimoniarlo."

Nei giorni successivi dell'esperimento, Claire continuò a fare coppia con diversi partecipanti. Ogni sessione rivelava strati di emozione—gioia, disperazione, rabbia e speranza. Sentì il peso del dolore di una madre, l'euforia di un giovane imprenditore sull'orlo del successo, e la tranquilla determinazione di un pensionato che rifletteva su una vita ben vissuta.

Con ogni incontro, Claire si trovava a fare i conti con le proprie emozioni e pregiudizi. L'esperienza la costrinse a confrontarsi con i pregiudizi che inconsciamente aveva. L'imprenditrice di successo che aveva sempre aspirato a essere spesso vedeva gli altri attraverso una lente di giudizio. Ora, vedeva le complessità delle loro vite, le battaglie che combattevano ogni giorno e i sogni che li alimentavano.

E con questa nuova comprensione venne anche la vulnerabilità. Cominciò a esplorare i propri strati—la paura dell'inadeguatezza che aleggiava sulla sua carriera, la solitudine che la rodeva nonostante la facciata sociale.

Una sera, dopo una sessione particolarmente intensa con un ex soldato, Claire si sedette da sola, il cuore pesante. Sentiva il fardello delle storie che aveva assorbito, e capì che non poteva più ignorare le sue stesse lotte. L'esposizione emotiva aveva provocato un cambiamento dentro di lei, spingendola a riflettere sulle sue scelte e sulla vita che stava vivendo.

Mentre il giorno finale dell'esperimento si avvicinava, Claire si sentiva divisa tra gratitudine e apprensione. Aveva guadagnato tanto, ma temeva di tornare alla realtà monotona della sua vita aziendale. Sarebbe riuscita a mantenere questo senso di empatia una volta terminato l'esperimento?

L'ultimo giorno, i partecipanti si riunirono per una sessione di debriefing. Il dottor Reed parlò con passione dell'importanza di mantenere le connessioni oltre l'esperimento, esortandoli a portare nella vita quotidiana le lezioni apprese.

"L'empatia non è una destinazione ma una pratica," sottolineò. "Il mondo ha bisogno di individui che possano colmare le lacune della comprensione. Siete tutti attrezzati per fare la differenza."

Mentre Claire ascoltava, una realizzazione si fece strada in lei. Aveva il potere di coltivare empatia non solo per gli altri ma anche per se stessa. Aveva trascorso così tanto tempo a inseguire una versione idealizzata del successo che aveva trascurato l'essenza della propria umanità.

In quel momento di chiarezza, Claire prese una decisione. Si sarebbe dimessa dal suo lavoro aziendale, non come una fuga, ma come un atto di amore verso se stessa. Avrebbe perseguito un percorso in linea con i suoi nuovi valori — magari nella giustizia sociale, nell'istruzione o nell'impegno comunitario.

La settimana successiva, mentre stava davanti al suo capo, annunciando le sue dimissioni, provò una combinazione di paura ed euforia. L'ufficio non sembrava più una gabbia ma una rampa di lancio. Era pronta ad abbracciare l'incertezza, armata dell'empatia coltivata durante l'esperimento.

Quando uscì dall'edificio per l'ultima volta, il sole la avvolse di calore, e il mondo le sembrò vivo di possibilità. Claire capì che la vita non riguardava solo il successo individuale, ma anche le connessioni che coltivava e l'empatia che offriva agli altri.

Nei mesi successivi, Claire si impegnò nella sua comunità, facendo volontariato presso organizzazioni locali e promuovendo il cambiamento sociale. Riversò le esperienze del Progetto Empatia nel suo lavoro, sforzandosi di creare spazi dove le persone potessero condividere le loro storie e comprendere i percorsi degli altri.

L'esperimento non solo aveva trasformato la sua prospettiva, ma aveva anche acceso una passione per la connessione che l'avrebbe guidata in futuro. Claire imparò che l'empatia non era solo un sentimento; era una forza potente che poteva ispirare cambiamenti, guarire ferite e colmare le divisioni tra individui.

Mentre camminava per il suo quartiere in un pomeriggio soleggiato, vide un gruppo di bambini che giocava in un parco. Le loro risate risuonavano come una melodia, un promemoria delle semplici gioie della vita. Con ogni passo, Claire sentì un senso di appartenenza—un nuovo orizzonte che si estendeva infinitamente davanti a lei.

Abbracciando le proprie vulnerabilità e imparando a empatizzare con gli altri, Claire aveva scoperto non solo un cambiamento di carriera ma una trasformazione della sua stessa essenza. Il mondo non era più una collezione di estranei, ma un arazzo di vite intrecciate, e lei era pronta a contribuire con il suo filo al racconto in continua evoluzione dell'umanità.

Vocabulary List

Italian Word	English Translation
precicipio	precipice
connessione	connection
scetticismo	skepticism
empatia	empathy
ansimante	gasping
profondo	profound
integrazione	integration
vulnerabilità	vulnerability
tessuto	fabric
indossare	to wear
lacrime	tears
riflessione	reflection
apprezzamento	appreciation
fardello	burden
chiarimento	clarity
determinazione	determination
incertezza	uncertainty
comunità	community
appartenenza	belonging
risuonavano	echoed

Questions about the Story

1. Why did Claire join the Empathy Project?
   a) She was selected randomly
   b) She felt isolated and disconnected
   c) She was asked by her friend

2. Who led the Empathy Project?
   a) Dr. Marcus Reed
   b) Dr. Claire Chen
   c) Dr. Noah Hart

3. What was Claire's occupation before joining the project?
   a) Marketing executive
   b) Neuroscientist
   c) Teacher

4. What did Claire decide to do after the experiment ended?
   a) Return to her corporate job
   b) Start a business
   c) Resign and pursue social justice

5. How did Claire feel after the experiment?
   a) Indifferent
   b) Transformed
   c) Anxious

Answer Key

1. b
2. a
3. a
4. c
5. b

Il Giardino delle Possibilità

Il professor Arthur Linton aveva sempre trovato conforto nel ritmo della natura. Dopo una lunga e illustre carriera in ambito accademico, insegnando scienze ambientali ed etica ecologica, si era ritirato in un grazioso cottage alla periferia di una città vivace. La transizione era stata sconvolgente; le lezioni e i documenti di ricerca che un tempo riempivano le sue giornate erano stati sostituiti dal silenzio. Desiderava uno scopo che andasse oltre i confini del suo giardino, dove fiorivano vivaci fiori ma mancava la diversità di vita che aveva caratterizzato la sua classe.

Un pomeriggio soleggiato, mentre curava le sue piante, Arthur osservò il terreno vuoto accanto al suo cottage. Il lotto era invaso dalle erbacce e disseminato di rifiuti, in netto contrasto con il suo giardino curato con attenzione. Mentre rifletteva sul potenziale del posto, un'idea iniziò a germogliare nella sua mente. E se avesse trasformato quel terreno abbandonato in un giardino comunitario?

Con un'entusiasmo crescente, Arthur si mise al lavoro. Immaginava uno spazio dove persone di ogni provenienza potessero incontrarsi, condividere le proprie storie e coltivare non solo piante, ma anche amicizie. Stampò dei volantini in cui descriveva la sua visione per il giardino e invitava i residenti a una riunione di comunità.

La sera della riunione, Arthur provava un misto di ansia e speranza. Mentre sistemava le sedie nel suo soggiorno, temeva che nessuno si presentasse. La comunità avrebbe risposto al suo invito? Desiderava un contatto umano, ma il dubbio si insinuava come un'ombra.

Con sua sorpresa, un gruppo diversificato di vicini si riunì nel suo piccolo soggiorno quella sera. C'erano giovani famiglie, pensionati, immigrati e residenti di lunga data. Arthur si presentò e condivise la sua visione per il giardino, sottolineando il potenziale per la collaborazione, l'apprendimento e l'amicizia.

"Credo che possiamo creare qualcosa di bello qui," disse, indicando il terreno vuoto. "Un luogo dove possiamo far crescere non solo verdure e fiori, ma anche la comunità."

La stanza si riempì di entusiasmo, con ciascuno che contribuiva con idee. C'era Mia, una giovane artista che sognava di incorporare murales colorati nel giardino; Samir, un immigrato recente con esperienza in agricoltura, desideroso di condividere le sue conoscenze sulle tecniche agricole; e Grace, un'insegnante in pensione che immaginava di organizzare laboratori per i bambini.

Mentre le discussioni si sviluppavano, Arthur sentì una ondata di ottimismo travolgerlo. Quella notte furono seminati i semi della possibilità, e un piano iniziò a prendere forma. Decisero di incontrarsi settimanalmente, formando un comitato per sovrintendere allo sviluppo del giardino.

Nelle settimane successive, il terreno vuoto si trasformò drasticamente. Con le pale in mano, il gruppo ripulì i rifiuti e preparò il terreno, mentre le loro risate si mescolavano ai suoni della città. Arthur si rallegrava della compagnia, ogni incontro rafforzava i loro legami. Condividevano storie davanti a tazze di caffè, forgiando connessioni che superavano le loro differenze.

Un pomeriggio, mentre stavano piantando semi, Mia si avvicinò ad Arthur con una domanda. "Professore, cosa l'ha ispirata a creare questo giardino?"

Arthur si fermò, contemplando la domanda. "Dopo anni di insegnamento, ho capito l'importanza della comunità. Spesso parliamo di ecologia in modo isolato, ma la natura prospera grazie all'interconnessione. Questo giardino rappresenta proprio quel principio."

Mia sorrise, con gli occhi che brillavano d'ispirazione. "Potrei creare un murale che rappresenti proprio questa idea—una rappresentazione visiva della nostra comunità diversificata che si unisce."

Con il passare delle settimane, il giardino fiorì, una vivace sinfonia di colori e vita. Le verdure crescevano accanto alle erbe e ai fiori, ogni pianta un testamento del duro lavoro e della collaborazione della comunità. Il murale prese forma, raffigurando radici intrecciate e fiori sbocciati, ogni elemento rappresentava la storia di un individuo diverso.

Tuttavia, non tutto fu facile. Nacquero conflitti quando le idee si scontrarono. Una sera, durante una riunione, le tensioni esplosero e le discussioni sulla distribuzione delle risorse si trasformarono in accesi dibattiti. Arthur osservava mentre la frustrazione aumentava, minacciando di frantumare l'armonia che avevano costruito.

"Amici, per favore," intervenne Arthur, alzando la mano per chiedere silenzio. "Siamo qui perché crediamo nel giardino e in ognuno di noi. Non dimentichiamo il motivo per cui abbiamo iniziato questo progetto. Possiamo non essere d'accordo e comunque rispettarci a vicenda."

Le sue parole riecheggiarono nella stanza, un delicato promemoria del loro scopo comune. Gradualmente, l'atmosfera cambiò. Il gruppo affrontò le proprie differenze, emergendo alla fine più unito e con una visione comune.

Con il fiorire del giardino, esso divenne un punto di ritrovo per tutto il quartiere. Famiglie facevano picnic tra le file di verdure, i bambini ridevano rincorrendosi, e le persone condividevano pasti preparati con il raccolto. Arthur provava un profondo senso di soddisfazione. Non stava solo coltivando un giardino; stava coltivando una comunità.

Un pomeriggio autunnale, mentre le foglie diventavano dorate e il raccolto veniva raccolto, il gruppo si riunì per una celebrazione. Arthur si alzò di fronte a loro, con il calore del sole sul viso, e sentì la gratitudine riempirgli il cuore. "Grazie a tutti per la vostra dedizione, creatività e amicizia. Questo giardino è la prova di ciò che possiamo realizzare insieme."

Il gruppo applaudì, e Mia svelò il murale, rivelando la vibrante rappresentazione del loro viaggio—un collage mozzafiato di colori, radici e storie intrecciate.

Mentre il sole tramontava, gettando una calda luce sul giardino, Arthur sentì un travolgente senso di speranza. Capì che la vera essenza del giardino andava oltre le piante; riguardava le relazioni che avevano coltivato. Il giardino era un microcosmo della vita stessa, un promemoria che, quando le persone si uniscono con il cuore e la mente aperti, possono creare qualcosa di bello.

Nei mesi successivi, Arthur continuò a prendersi cura del giardino e della comunità, ma trovò anche un nuovo scopo dentro di sé. Ispirato dalle connessioni che aveva creato, iniziò a scrivere un libro sulle loro esperienze, intrecciando le storie delle persone che si erano unite per creare qualcosa di più grande di loro.

Il Progetto Empatia si era trasformato in un movimento che si estendeva oltre il giardino, toccando vite e ispirando altri a abbracciare la collaborazione. Il viaggio di Arthur, un tempo segnato dalla solitudine, si era trasformato in un vivace arazzo di amicizia e connessione—un vero giardino di possibilità.

Mentre scriveva le ultime parole del suo libro una sera, guardò il giardino rigoglioso, immerso nella luce soffusa del crepuscolo. Capì che il viaggio era in corso, con nuovi semi di speranza pronti per essere piantati. Nel cuore della città, una comunità aveva preso vita, prosperando insieme nello spirito di unità, cambiando per sempre il panorama delle loro vite.

Vocabulary List

Italian Word	English Translation
professore	professor
giardino	garden
comunità	community
murale	mural
debito	debt
raccolto	harvest
autunno	autumn
speranza	hope
solitudine	solitude
amicizia	friendship
collaborazione	collaboration
connessione	connection
natura	nature
incontro	meeting
rispetto	respect
divergenze	differences
insegnante	teacher
dedizione	dedication
celebrazione	celebration
creatività	creativity

Questions about the Story

1. What inspired Professor Arthur Linton to create the community garden?
   a) His love for teaching
   b) His desire for community
   c) His interest in murals

2. Who was the artist who helped with the mural in the garden?
   a) Samir
   b) Mia
   c) Grace

3. What challenges did the community face while building the garden?
   a) Lack of funds
   b) Conflict over ideas
   c) Lack of volunteers

4. What did Arthur feel the garden symbolized?
   a) A beautiful garden for the city
   b) A business opportunity
   c) A place of connection and unity

5. What did Arthur decide to do after the garden project?
   a) Write a book about their experiences
   b) Move to a new city
   c) Start a new garden

Answer Key

1. b
2. b
3. b
4. c
5. a

I Legami che Uniscono

Il sole tramontava all'orizzonte, gettando un caldo bagliore dorato sulla città, mentre Sarah e Daniel Collins stavano mano nella mano sul balcone del loro attico. La vista ampia dello skyline era una testimonianza del loro duro lavoro e della loro perseveranza—un simbolo della vita che avevano costruito insieme. Sarah, una rinomata architetta, e Daniel, un avvocato di successo, avevano trascorso anni scalando la scala professionale, le loro vite intrecciate come i progetti intricati che Sarah creava. Eppure, sotto la superficie della loro vita apparentemente perfetta, ombre aleggiavano, pronte a rivelarsi al momento giusto.

Fu durante una visita del fine settimana alla casa di famiglia di Sarah che iniziarono ad apparire le prime crepe. Mentre rovistavano tra vecchie scatole in soffitta, Sarah trovò una busta impolverata con la scritta "Per Sarah." Il suo cuore accelerò per la curiosità mentre la apriva, rivelando una raccolta di fotografie sbiadite e lettere di sua madre, scritte molto prima che Sarah nascesse.

"Cos'è quello?" chiese Daniel, sbirciando oltre la sua spalla, incuriosito.

"Sembra siano lettere di mia madre a qualcuno chiamato Robert," rispose Sarah, aggrottando le sopracciglia. "Non l'ho mai sentita parlare di una persona con quel nome."

Daniel sentì un brivido lungo la schiena. Conosceva bene la madre di Sarah, una donna calda e affettuosa che era sempre stata devota alla sua famiglia. L'idea che ci potessero essere verità nascoste nel suo passato gli trasmise un senso di disagio. "Forse è solo un vecchio amico," suggerì, cercando di dissipare la crescente tensione.

Ma la curiosità di Sarah aumentò. Nei giorni successivi, lesse le lettere una per una, ricostruendo una storia che svelava una versione diversa di sua madre—una giovane donna piena di ambizione, desiderio, e un legame con un uomo il cui nome risuonava nel tempo come una melodia inquietante. Robert era stato il primo amore di sua madre, una storia d'amore appassionata interrotta tragicamente da circostanze che Sarah stentava a comprendere.

"Daniel," disse Sarah una sera, con la voce tremante sotto il peso della sua scoperta. "Sembra che mia madre abbia avuto una relazione con Robert mentre era fidanzata con mio padre. Non posso credere di scoprirlo solo ora. Cosa significa questo per la nostra famiglia?"

Il cuore di Daniel sprofondò. Avevano sempre orgogliosamente fondato la loro relazione su valori come la lealtà e la fiducia. Ora, di fronte all'idea di infedeltà nella stessa famiglia di Sarah, sentiva una tempesta di emozioni contrastanti. "È complicato," rispose con cautela. "Ma tua madre ha fatto delle scelte, e quelle scelte hanno dato forma alla famiglia che hai oggi."

Mentre discutevano le implicazioni delle scoperte di Sarah, una tensione inquietante si insinuò tra di loro. Le rivelazioni riaccendevano ricordi della loro stessa relazione —i litigi evitati, i segreti non detti. Avevano sempre pensato che il loro amore fosse indistruttibile, fondato sul rispetto reciproco e sull'onestà. Ma ora, il dubbio si insinuava come un ospite non invitato.

I giorni si trasformarono in settimane, e le lettere continuavano a pesare nella mente di Sarah. Cercò consiglio dai suoi amici più stretti, e ogni conversazione svelava nuovi strati delle sue emozioni. La curiosità innocente si trasformò in una ricerca di verità, accendendo un fuoco dentro di lei che la spinse a confrontarsi con sua madre.

Un pomeriggio, raccolse tutto il suo coraggio e chiamò sua madre, che ora viveva in una comunità per anziani alla periferia della città. "Mamma, possiamo parlare? C'è qualcosa che devo capire."

La voce di sua madre tremava per l'incertezza. "Certo, tesoro. Cosa hai in mente?"

"Ho trovato delle lettere in soffitta... lettere di Robert," disse Sarah, con il cuore che batteva forte. "Perché non mi hai mai parlato di lui? Chi era per te?"

Ci fu una lunga pausa dall'altro capo della linea, e Sarah riuscì quasi a percepire i pensieri che correvano nella mente di sua madre. "Robert faceva parte della mia vita prima che conoscessi tuo padre," disse infine, con tono cauto. "Era un periodo complicato, pieno di errori e rimpianti. Pensavo di aver superato tutto, ma..."

"Ma non l'hai fatto," intervenne Sarah con dolcezza. "Lo hai seppellito. Cosa significa tutto questo per la nostra famiglia?"

"Volevo proteggerti dal dolore di quella storia," rispose sua madre, con la voce carica di tristezza. "Ma ora capisco che avrei dovuto essere sincera. L'amore non è sempre semplice, Sarah. A volte comporta un prezzo da pagare."

La conversazione rimase nell'aria come una tensione non detta, lasciando Sarah alle prese con le scelte di sua madre. Il passato aveva intessuto un arazzo complesso di lealtà e tradimento, uno che ora minacciava di ridefinire la sua comprensione dei legami familiari.

Tornata a casa, Sarah si confrontò con Daniel sulle sue nuove scoperte. "Mia madre è stata coinvolta con Robert durante il fidanzamento con mio padre. Ha scelto di tenere nascosta quella parte della sua vita, e ora mi ritrovo a mettere tutto in discussione."

Daniel sospirò, passando una mano tra i capelli. "Cosa significa questo per noi? Dobbiamo semplicemente ignorarlo? Non riguarda solo tua madre ormai; sfida tutto ciò che abbiamo creduto sulla fedeltà e sull'impegno."

"Non lo so!" esclamò Sarah, con la frustrazione che ribolliva. "Ma non posso continuare a fingere che non mi riguardi. Sento che tutto il mio fondamento sta tremando. Se la lealtà può essere compromessa, come faccio a sapere che non siamo a un solo errore dal crollare?"

Quella notte, Sarah rimase sveglia, ripensando agli eventi della giornata. Gli echi delle loro discussioni le ronzavano in testa, intrecciandosi con i sentimenti irrisolti sul passato di sua madre. Si ritrovò a fissare il soffitto, lottando con l'idea che l'amore potesse essere così fragile, così intricato.

Nelle settimane seguenti, Sarah e Daniel si allontanarono emotivamente, navigando nelle acque tumultuose del dubbio e della paura. Il loro dialogo, un tempo aperto, si trasformò in conversazioni superficiali, punteggiate dalla verità non detta che aleggiava tra loro come uno spettro. Ogni tentativo di colmare il crescente divario sembrava inutile; erano intrappolati nelle proprie percezioni di ciò che significavano la lealtà e l'amore.

Ma una sera fatidica, mentre ordinava vecchie fotografie, Sarah inciampò in un'immagine dei suoi genitori—giovani, vibranti, pieni di speranza. La vista le suscitò un sentimento di comprensione. Mentre esaminava quei volti, che un tempo erano stati l'emblema dell'amore, sentì una scintilla di comprensione.

Determinata a rompere il ciclo di dolore, Sarah contattò nuovamente sua madre. "Voglio capire," disse, con una voce ferma ma dolce. "Parlami di Robert. Dimmi tutto."

La conversazione successiva rivelò le complessità delle scelte di sua madre—come l'amore fosse sbocciato in luoghi inaspettati, come il cuore spezzato avesse plasmato la narrativa della loro famiglia, e come il potere del perdono avesse permesso loro di andare avanti. L'onestà di sua madre infranse l'immagine idealizzata che Sarah aveva mantenuto, sostituendola con una complessità cruda e bellissima che comprendeva sia l'amore che la perdita.

Mentre Sarah navigava nelle complessità della storia della sua famiglia, capì che l'amore non era solo una promessa di fedeltà, ma un viaggio in evoluzione. Era un arazzo intrecciato di vulnerabilità, resilienza e accettazione della fallibilità umana.

Con una nuova chiarezza, Sarah si rivolse a Daniel. "Dobbiamo parlare," disse, con una voce ferma ma tenera. "Ho riflettuto sul passato di mia madre, e questo mi ha fatto riflettere sulla nostra relazione. Non voglio vivere nella paura di ciò che potrebbe accadere. Voglio affrontare questi sentimenti insieme."

Daniel la guardò, il suo sguardo ammorbidito. "Anch'io ho avuto paura," ammise. "Paura di cosa significhi tutto questo. Ma penso che dobbiamo riconoscere le nostre imperfezioni. Siamo umani; faremo errori. Ma se possiamo comunicare, se possiamo condividere le nostre vulnerabilità, allora possiamo rafforzare i legami che ci uniscono."

Quella notte, si aprirono l'uno con l'altro, condividendo le loro paure, i loro desideri e il peso delle loro aspettative. Crearono una nuova comprensione, che trascendeva le ombre del dubbio e riaffermava il loro impegno a navigare la vita insieme.

Col passare del tempo, l'aria tra loro divenne più leggera. Sarah imparò ad abbracciare le complessità del passato della sua famiglia senza permettergli di definire il suo presente. Le cicatrici di tradimento e lealtà divennero un promemoria della fragilità dell'amore, rafforzando l'importanza dell'empatia e della comunicazione.

Nei mesi seguenti, Sarah e Daniel esplorarono le profondità della loro relazione con una nuova autenticità. Iniziarono a celebrare la bellezza delle imperfezioni, riconoscendo che l'amore, nella sua forma più vera, non riguarda l'essere perfetti, ma affrontare le sfide insieme.

Alla fine, scoprirono che i legami che li univano non erano solo intrecciati da momenti di gioia, ma anche forgiati nelle difficoltà, nella comprensione e in un impegno incrollabile a crescere insieme. Mentre andavano avanti, trovavano forza nel loro viaggio condiviso, pronti ad affrontare qualunque sfida la vita avesse in serbo per loro. Il tessuto della loro relazione divenne più ricco e intricato, una testimonianza della loro resilienza e del profondo potere dell'amore.

Vocabulary List

Italian	English
tramontare	to set
legami	ties
crepe	cracks
soffitta	attic
curiosità	curiosity
pesare	to weigh
rimpianti	regrets
complessità	complexity
vulnerabilità	vulnerability
comprensione	understanding
fiducia	trust
relazioni	relationships
inganno	betrayal
perdono	forgiveness
resilienza	resilience
aspettative	expectations
scoperta	discovery
spirito	spirit
esperienza	experience
impegno	commitment

Questions about the Story

1. Where did Sarah and Daniel live?
   a) A penthouse apartment
   b) A small house in the countryside
   c) A cabin in the mountains

2. Who was Robert in Sarah's mother's life?
   a) Her first love
   b) Her cousin
   c) Her brother

3. What did Sarah find in the attic?
   a) A journal
   b) Old toys
   c) Letters and photographs

4. Why did Sarah feel conflicted about her parents' past?
   a) She discovered her father was hiding secrets
   b) She found her mother's actions affected her trust in loyalty
   c) She learned her parents were not actually married

5. What lesson did Sarah and Daniel learn by the end of the story?
   a) Secrets are necessary for a healthy relationship
   b) They should always live apart
   c) Love includes both vulnerability and resilience

Answer Key

1. a
2. a
3. c
4. b
5. c

L'Effetto Specchio

In uno studio baciato dal sole, nascosto in un angolo vivace della città, l'artista Elena Morales stava davanti a una tela bianca, con il cuore che batteva forte per l'attesa. Da anni si esprimeva attraverso il colore e la forma, ma questo nuovo progetto era diverso. Era profondamente personale, un'introspezione che trascendeva il semplice atto di dipingere. Questa serie di autoritratti avrebbe esplorato le molteplici fasi della sua vita, una riflessione artistica che scavava nella sua identità, nei suoi ricordi e nella marea incessante del cambiamento.

Elena era sempre stata affascinata dal concetto di identità. Da bambina, era stata un camaleonte, adattandosi alle aspettative di chi le stava intorno—accontentando i suoi genitori con i successi scolastici, adeguandosi agli interessi degli amici e modulando il proprio atteggiamento in vari contesti sociali. Crescendo, però, si rese conto che questa fluidità la lasciava spesso frammentata. Chi era, al di là dei ruoli che interpretava?

Mentre intingeva il pennello in vivaci tonalità, Elena ricordò la sua infanzia. La prima tela la ritraeva da bambina, avvolta in un vortice di meraviglia innocente. Lo sfondo era un'esplosione di colori—girasoli che si protendevano verso il sole, le risate degli amici che riecheggiavano nell'aria. Si dipinse con i capelli selvaggi e il naso coperto di lentiggini, con gli occhi che brillavano di curiosità. Era l'era dell'immaginazione senza confini, in cui i sogni sembravano raggiungibili e ogni giorno era un'avventura che aspettava di essere vissuta.

Ma passando al quadro successivo, sentì il peso dell'adolescenza gravare su di lei. Il secondo ritratto mostrava una palette più cupa, piena di tonalità di grigio e blu. In questa rappresentazione, i suoi occhi, un tempo luminosi, erano offuscati dal peso delle aspettative e dell'insicurezza. Gli anni del liceo erano stati segnati dal dubbio, in cui le sue aspirazioni artistiche erano state oscurate da un desiderio incessante di accettazione. Le risate dell'infanzia si erano trasformate in sussurri di critica, e si era ritrovata intrappolata in un ciclo di confronti.

Dipingerlo fu catartico. Elena sentì ogni pennellata risuonare con le difficoltà affrontate—navigare tra amicizie, pressioni scolastiche e la profonda paura di non appartenere. Con ogni pennellata, versava l'angoscia e la confusione che aveva tenuto dentro. Era liberatorio ma doloroso, un ricordo delle complessità della crescita.

La tela successiva rifletteva i suoi primi vent'anni, un periodo di scoperta e sperimentazione. In questo ritratto, Elena si dipinse circondata da un turbinio di colori, un'esplosione vibrante di vita. Si era trasferita in città, inseguendo il sogno di diventare artista. Era un periodo pieno di entusiasmo sfrenato, incontri notturni e la sensazione inebriante di libertà. Ma, sotto la superficie, lottava con l'ansia di trovare il proprio posto nel mondo.

Con ogni pennellata, illustrava la dualità di quel periodo— gli euforici picchi creativi intrecciati con i momenti schiaccianti di dubbio. Si ritrasse in piedi sul bordo di una scogliera, con le braccia aperte, pronta a tuffarsi nell'ignoto. Era allo stesso tempo esaltante e terrificante, un momento di vulnerabilità in cui si rendeva conto che per crescere, doveva abbracciare l'incertezza.

Man mano che la serie progrediva, i ritratti di Elena assumevano una qualità più sfumata. Dipinse i suoi ultimi vent'anni, un periodo di cuori spezzati e resilienza. La tela era più scura, piena di tonalità attenuate di rosso e viola, evocando le emozioni crude di una recente separazione. In questo ritratto, catturò il momento di disperazione, i suoi lineamenti addolciti dalle lacrime ma illuminati da una forza interiore che iniziava a emergere.

Questo quadro fu il più difficile da realizzare. Si era sentita persa, disorientata, mettendo in discussione le proprie scelte e la traiettoria della sua vita. Eppure, in mezzo al tumulto, aveva scoperto l'importanza della compassione per sé stessa. Lo sfondo rappresentava nuvole tempestose, ma un raggio di luce faceva capolino, suggerendo la possibilità di nuovi inizi.

Con ogni autoritratto, Elena iniziò a realizzare che il suo percorso non era lineare; era un arazzo tessuto con fili di gioia, dolore e tutto ciò che c'è nel mezzo. Ogni quadro divenne uno specchio che rifletteva i vari strati della sua identità, rivelando le complessità delle sue esperienze.

Infine, arrivò al ritratto del suo sé attuale, una tela che sembrava una culminazione di tutto ciò che aveva vissuto. In piedi davanti alla tela, Elena esitò, contemplando i colori che avrebbero definito questo momento della sua vita. Era stato un anno trasformativo—pieno di introspezione, crescita personale e un rinnovato impegno verso la sua arte.

In questo autoritratto, si dipinse con sicurezza. I suoi lineamenti erano addolciti ma resilienti, i colori vibranti e caldi, significando un senso di pace appena trovato. Lo sfondo mostrava fiori in fiore, simboli di rinnovamento e crescita. Mentre applicava le pennellate finali, sentì un profondo legame con il percorso che l'aveva plasmata— una comprensione che ogni esperienza, per quanto dolorosa, aveva contribuito alla persona che era diventata.

Una volta completata la serie, Elena decise di organizzare una mostra in una galleria locale. Voleva condividere il suo viaggio, non solo come artista, ma come persona che naviga tra le complessità della vita. Man mano che la serata di apertura si avvicinava, provava una miscela di eccitazione e trepidazione. La sua vulnerabilità avrebbe risuonato negli altri? Si sarebbero visti riflessi nel suo lavoro?

La sera della mostra, la galleria vibrava di energia. Amici, familiari e sconosciuti si radunarono per ammirare i suoi ritratti. Mentre si muoveva tra la folla, intorno a lei sbocciavano conversazioni. Le persone condividevano le loro interpretazioni del suo lavoro, esprimendo come si sentissero legate alle varie fasi dell'identità che aveva catturato.

"Il tuo viaggio rispecchia il mio," disse una donna, con gli occhi lucidi di emozione. "Ho sentito il peso delle tue lotte e la gioia dei tuoi trionfi."

Elena sentì un calore diffondersi nel petto mentre ascoltava le storie che si sviluppavano intorno a lei. Fu in quei momenti che capì il potere dell'arte—la capacità di connettere, guarire e favorire la comprensione. I suoi autoritratti erano diventati uno specchio collettivo, riflettendo le esperienze universali di amore, perdita e resilienza.

Quando la serata giunse al termine, Elena si fermò davanti al suo ultimo quadro, osservando i volti intorno a lei. Provava un senso di appartenenza che una volta le era sfuggito, un riconoscimento che ognuno porta con sé i propri pesi e i propri trionfi. I legami dell'umanità ci uniscono tutti, indipendentemente dai nostri percorsi individuali.

In quel momento, Elena realizzò che l'effetto specchio andava oltre i suoi autoritratti; risuonava nei cuori di coloro che si erano connessi al suo lavoro. Capì che sebbene la vita sia una serie di cambiamenti e sfide, è anche un'opportunità di crescita, empatia e creazione di legami.

Con il cuore pieno di gratitudine, lasciò la galleria quella notte, sapendo che il suo viaggio era tutt'altro che finito. Ogni autoritratto rappresentava un capitolo, ed era pronta ad abbracciare le pagine non ancora scritte. Mentre usciva nell'aria fresca della notte, le luci della città scintillavano come stelle, riflettendo le infinite possibilità che si aprivano davanti a lei.

Vocabulary List

Italian Word	English Translation
Tela	Canvas
Artista	Artist
Identità	Identity
Infanzia	Childhood
Adolescenza	Adolescence
Dipingere	To paint
Colori	Colors
Ricordi	Memories
Esperienze	Experiences
Vulnerabilità	Vulnerability
Crescita	Growth
Mostra	Exhibition
Galleria	Gallery
Autoritratto	Self-portrait
Connessione	Connection
Complessità	Complexity
Introspezione	Introspection
Coraggio	Courage
Resilienza	Resilience
Espressione	Expression

Questions about the Story

1. Where is Elena's studio located?
   a) In a vibrant part of the city
   b) In a small town
   c) In the countryside

2. What does Elena's first self-portrait represent?
   a) Her early twenties
   b) Her adolescent years
   c) Her childhood innocence

3. How does Elena feel while painting her second self-portrait?
   a) Uninterested
   b) Cathartic
   c) Relieved

4. What does the final self-portrait of Elena signify?
   a) Her current self and newfound peace
   b) Her struggle with family
   c) Her early childhood

5. What message does Elena realize about life through her art?
   a) It's a straight path without complexity
   b) It's unpredictable but full of growth opportunities
   c) It's always easy

Answer Key

1. a
2. c
3. b
4. a
5. b

L'Intruso

Il leggero fruscio della carta ruppe il silenzio del piccolo appartamento di Clara, un luogo caratterizzato dai toni soffusi di grigi e bianchi morbidi, che riflettevano la calma che aveva lavorato tanto per coltivare. Un senso di solitudine l'avvolgeva come una coperta confortante, ma di recente quella coperta aveva iniziato a sentirsi restrittiva. Viveva sola da diversi anni, apprezzando la sua indipendenza dopo un matrimonio tumultuoso finito in amarezza e rimpianto. Ma la pace è spesso una cosa fragile.

Tutto iniziò con la prima lettera, infilata sotto la sua porta una fresca mattina d'autunno. Clara stava sorseggiando il suo caffè, persa nei pensieri, quando notò la busta—semplice, senza segni distintivi e apparentemente innocua. La curiosità la spinse a prenderla e ad esaminarla. Non c'era nessun indirizzo di ritorno, solo il suo nome scritto in una calligrafia disordinata.

La aprì e trovò un solo foglio di carta. Il messaggio era breve: "Ti ricordi? Non puoi scappare per sempre." Un brivido le percorse la schiena e il suo cuore accelerò. Chi poteva avergliela mandata? Clara si era trasferita in un'altra città per sfuggire al suo passato, per reinventarsi. Aveva sperato di lasciare dietro di sé le ombre della sua vita precedente.

Nelle settimane successive arrivarono altre lettere, ognuna più criptica della precedente. "La verità aspetta sotto la superficie." "Ciò che hai sepolto non è morto." Ogni nota suscitava in lei una miscela di paura e curiosità. Clara era una donna che aveva sempre avuto il controllo, ma quelle lettere le toglievano la sua compostezza, smontando strato per strato tutto ciò che aveva costruito con fatica.

Determinata a confrontarsi con questo nuovo intruso nella sua vita, Clara iniziò a mettere insieme i pezzi del puzzle. Ogni lettera sembrava tirare un filo di un ricordo sepolto da tempo, un periodo in cui aveva scelto di mettere a tacere parti di sé per sopravvivere. Aveva lasciato amici, famiglia e il paese che aveva assistito al suo dolore. Le lettere sembravano gli echi di quel periodo, che riverberavano nella sua vita accuratamente costruita.

Una sera, mentre il sole tramontava all'orizzonte, proiettando lunghe ombre nel suo soggiorno, Clara prese una decisione. Non sarebbe stata vittima del suo passato. Avrebbe scoperto chi era dietro a quelle lettere e perché la tormentava. Alimentata da una miscela di ansia e determinazione, iniziò a indagare.

Il suo primo passo fu tornare nel suo vecchio paese, il luogo che aveva giurato di non visitare mai più. I ricordi riaffioravano mentre guidava per le strade familiari, ogni svolta un promemoria della vita che aveva lasciato dietro di sé. Clara si fermò davanti alla sua vecchia casa, il giardino un tempo vibrante ora invaso dalle erbacce, un fantasma di quello che era stato. La casa era stata venduta e degli sconosciuti ci abitavano ora, ma i fantasmi dei suoi ricordi si aggiravano ancora come una densa nebbia.

Con un respiro profondo, Clara si avvicinò alla porta e bussò. Una donna anziana rispose, il volto solcato da rughe che raccontavano di saggezza e anni passati. "Posso aiutarti?" chiese, la voce calda ma cauta.

"Un tempo vivevo qui. Speravo di poter parlare con qualcuno del quartiere," rispose Clara, con il cuore che batteva forte.

La donna fece un cenno, invitandola ad entrare. Mentre sedevano nel soggiorno poco illuminato, Clara sentì che le sue difese iniziavano a crollare. "Ho ricevuto delle lettere di recente," disse, rivelando cautamente la verità. "Sembrano essere collegate al mio passato."

La donna annuì comprensiva, con uno sguardo che si addolciva. "Questo paese ha un modo tutto suo di mantenere i segreti, non è vero? Il passato non rimane sempre sepolto."

Clara condivise frammenti della sua vita—il suo matrimonio, il dolore, la decisione di andarsene. Mentre parlava, notò un cambiamento nell'espressione della donna, come un lampo di riconoscimento. "Non sei la prima a sentire il peso di quei ricordi," disse la donna con gentilezza. "Molti che se ne vanno portano con sé le loro storie. A volte è più facile affrontarle che scappare."

Dopo una lunga conversazione, Clara lasciò la casa della donna sentendosi sia più leggera che più appesantita. L'incontro aveva riportato alla luce ricordi che aveva sepolto a fondo, ma le aveva anche offerto un barlume di comprensione. Le lettere non erano solo minacce; erano inviti a confrontarsi con la propria verità.

Determinata a scoprire la fonte delle lettere, Clara tornò in città, con la mente che ribolliva di possibilità. I giorni si trasformarono in settimane e le lettere continuarono ad arrivare, ciascuna che la spingeva più a fondo nella sua introspezione. Decise di contattare una vecchia amica, una che era rimasta nel paese e che avrebbe potuto avere qualche intuizione sulla situazione.

Sophie era stata la confidente di Clara, una presenza stabile durante il suo turbolento matrimonio. Quando Clara le spiegò la sua situazione, Sophie ascoltò attentamente, con la fronte aggrottata per la preoccupazione. "Devi affrontare chiunque stia mandando quelle lettere," la incoraggiò. "Non puoi continuare a scappare. È ora di affrontare il tuo passato."

Con l'incoraggiamento di Sophie, Clara decise di partecipare al festival annuale del paese—una festa che aveva evitato dalla sua partenza. Sperava di riconnettersi con vecchie conoscenze e, forse, di scoprire chi aveva deciso di ricordarle il suo passato.

Mentre si addentrava nel vivace festival, l'odore di dolci fritti e castagne arrostite riempiva l'aria. Le risate riecheggiavano attorno a lei, e i bambini correvano tra le bancarelle, i loro volti dipinti con colori vivaci. Era un arazzo vibrante di vita, eppure Clara si sentiva un'estranea. L'ansia di affrontare il passato pesava su di lei, ma continuava, determinata a trovare risposte.

Mentre si faceva strada tra la folla, lo sguardo di Clara cadde su un volto familiare. Era Mark, un vecchio amico del suo ex marito. Avevano condiviso molti ricordi, sia belli che brutti, durante la loro giovinezza. Timidamente, si avvicinò a lui. "Mark," lo chiamò, la voce stabile nonostante il tremore nel cuore.

Si girò, lo stupore che si trasformava in riconoscimento. "Clara! Non mi aspettavo di vederti qui."

Dopo brevi convenevoli, Clara colse l'occasione. "Hai ricevuto delle strane lettere ultimamente? Ne sto ricevendo alcune che sembrano legate al mio passato."

L'espressione di Mark cambiò, preoccupazione impressa sul volto. "Io no, ma ho sentito delle voci. Alcuni pensano che potrebbe essere il tuo ex marito dietro tutto questo."

Le parole colpirono Clara come un pugno nello stomaco. "Ma perché? Lui è andato avanti."

"Alcune persone non amano lasciar andare," rispose Mark, con tono gentile. "Forse è il suo modo di riportarti indietro, o forse vuole ricordarti ciò che hai lasciato."

Clara sentì il respiro bloccarsi in gola. Affrontare il suo ex marito era l'ultima cosa che voleva, ma si rese conto che doveva affrontare il fantasma del suo passato per reclamare la propria storia e mettere a tacere l'intruso una volta per tutte.

Giorni dopo, Clara si trovava davanti all'appartamento del suo ex marito, con il cuore che batteva forte. La familiare miscela di terrore e determinazione la percorse. Suonò il campanello, il suono che risuonava con la sua risolutezza. Pochi istanti dopo, la porta si aprì, rivelandolo—più anziano, più stanco, ma ancora indubbiamente l'uomo che aveva amato un tempo.

"Clara," disse, con sorpresa che lampeggiava sul suo volto. "Cosa ti porta qui?"

"Possiamo parlare?" rispose, entrando, la voce stabile. Si sedettero in soggiorno, uno spazio che sembrava estraneo eppure dolorosamente familiare. Clara non perse tempo; rivelò le lettere e i suoi sospetti sul suo coinvolgimento.

La sua espressione passò dalla sorpresa a qualcosa di più guardingo. "Non ho mandato quelle lettere, Clara. Lo giuro. Ma so perché le stai ricevendo. In questo paese la gente ama una storia e ama ricordarti delle tue scelte."

"Quali scelte?" insistette, la frustrazione che ribolliva sotto la superficie. "Sono andata via per trovare me stessa, per sfuggire a una vita che mi soffocava. Pensavo fosse ciò che dovevo fare."

Sospirò, il peso delle emozioni non dette gravando nell'aria. "Ma hai lasciato anche me, Clara. Alcune persone non capiscono il costo della libertà. Pensano che sia facile andarsene, ma le conseguenze restano."

In quel momento, Clara sentì il passato svelarsi, ogni filo che rivelava le complessità della loro storia condivisa. "Non ho mai voluto ferirti. Avevo bisogno di crescere. Pensavo di poter trovare la felicità senza le ombre del nostro passato."

Mentre continuavano a parlare, le emozioni vorticavano tra loro—rabbia, rimpianto e un inaspettato senso di chiusura. Clara si rese conto che affrontare il suo ex marito non era una questione di colpe, ma di comprensione del viaggio che li aveva condotti entrambi a quel momento.

Quando la conversazione giunse alla fine, Clara si sentì più leggera, come se il peso delle lettere si fosse dissolto. Aveva affrontato il suo passato e, così facendo, aveva rivendicato la sua storia. Le lettere non erano più un intruso nella sua vita; erano diventate un catalizzatore per la crescita e l'autoscoperta.

Con una nuova chiarezza, Clara tornò nel suo appartamento, il cuore pieno di determinazione. Realizzò che l'intruso non era una persona, ma i dubbi e le paure che aveva portato dentro di sé. Le lettere erano state uno specchio, riflettendo le emozioni irrisolte che aveva cercato di seppellire.

Abbracciando le lezioni apprese, Clara iniziò a scrivere di nuovo, catturando le sue esperienze in un diario che le permetteva di esplorare i suoi pensieri e sentimenti. Ogni pagina divenne un santuario, uno spazio in cui poteva affrontare le sue vulnerabilità e celebrare la sua resilienza.

Mentre scriveva l'ultima pagina, Clara sentì un profondo senso di libertà. I legami che la legavano al passato non sembravano più catene; si erano trasformati in fili di comprensione che tessono insieme il tessuto della sua identità. Il viaggio era stato pieno di sfide, ma attraverso la confrontazione e la riflessione, era emersa più forte.

Nei mesi che seguirono, la vita di Clara fiorì. Riconnettendosi con gli amici, esplorò nuove passioni e iniziò a dipingere—un'arte che aveva trascurato per anni. L'intruso l'aveva risvegliata alla ricchezza della vita, e si sentiva determinata a vivere ogni momento.

Una sera, mentre stava sul suo balcone osservando il sole calare sotto l'orizzonte, sentì un senso di pace avvolgerla. La città brulicava di vita e sapeva di essere finalmente pronta a affrontare qualunque cosa fosse venuta dopo—non più come vittima del suo passato, ma come una donna sicura pronta a abbracciare il suo futuro.

Con un sorriso, Clara rientrò nel suo appartamento, lasciandosi alle spalle l'oscurità del passato. Le lettere erano state un ricordo inquietante, ma erano anche state la chiave per sbloccare la vita vibrante che era destinata a condurre. I legami che ci uniscono possono anche liberare, e Clara era pronta a danzare nella luce del suo nuovo inizio.

Vocabulary List

Italian Word	English Translation
intruso	intruder
appartamento	apartment
indipendenza	independence
matrimonio	marriage
cuore	heart
paura	fear
lettere	letters
passato	past
città	city
decisione	decision
confronto	confrontation
silenzio	silence
segreto	secret
crescita	growth
libertà	freedom
specchio	mirror
fiducia	trust
identità	identity
tristezza	sadness
resilienza	resilience

Questions about the Story

1. What was the first message Clara received in the letter?
   a) "You're safe now."
   b) "Do you remember? You can't run forever."
   c) "The journey begins."

2. Where did Clara decide to go to uncover the source of the letters?
   a) Her old town
   b) Her new city's library
   c) The police station

3. Who encouraged Clara to confront her past?
   a) Mark, her ex-husband's friend
   b) Her mother
   c) Sophie, her old friend

4. What realization does Clara have after meeting her ex-husband?
   a) That she should move to another country
   b) That she must understand her own choices
   c) That she made a mistake by leaving him

5. How does Clara feel at the end of the story?
   a) Liberated and empowered
   b) Sad and regretful
   c) Angry and resentful

Answer Key

1. b
2. a
3. c
4. b
5. a

Il Linguaggio dei Fiori

Nel cuore di una città frenetica, dove il ritmo della vita pulsava con l'energia delle auto che suonavano e dei passi affrettati, si trovava un piccolo negozio di fiori chiamato "Petali & Promesse." Il profumo dei fiori freschi si diffondeva nell'aria, invitando i passanti a entrare. La proprietaria, Elena Vasquez, aveva passato anni a coltivare non solo fiori, ma anche una reputazione di esperta del linguaggio non detto dei fiori. Ogni composizione che creava era una storia, una conversazione senza parole, che trasmetteva emozioni ed esperienze che superavano la comunicazione ordinaria.

Elena credeva che i fiori avessero significati profondi, ogni petalo carico di sentimenti e ricordi. Spesso rifletteva sugli insegnamenti della nonna, che le aveva trasmesso l'idea che i fiori potessero esprimere ciò che le parole a volte non potevano. "Un solo fiore può dire quello che mille parole non riescono a esprimere," diceva la nonna, con le mani abili che sistemavano violette e lillà in splendidi mazzi.

Una fresca mattina d'autunno, mentre le foglie danzavano lungo le strade, Elena si preparava per la giornata. Era conosciuta per le sue composizioni uniche, che risuonavano con i sentimenti dei suoi clienti. Un mazzo di girasoli avrebbe illuminato la giornata di un amico che si stava riprendendo da una delusione amorosa; un gruppo di gigli bianchi avrebbe confortato una famiglia in lutto. Ogni fiore che sceglieva era deliberato, scelto per il suo significato e impatto.

Mentre sistemava un nuovo mazzo di rose per un matrimonio imminente, la campanella sopra la porta tintinnò, annunciando l'arrivo di un cliente. Elena alzò lo sguardo e vide un volto familiare—Daniel, il suo amico d'infanzia e uno scrittore emergente. Aveva sempre avuto una passione per il racconto, e negli anni avevano mantenuto un legame che sembrava sia distante sia intimo.

"Ehi, Elena!" chiamò, la sua voce illuminando lo spazio. "Ho bisogno del tuo aiuto per qualcosa di speciale."

Elena si asciugò le mani sul grembiule e si avvicinò. "Certo, Daniel. Di cosa hai bisogno?"

"Ho una lettura in arrivo, e voglio sorprendere una persona speciale per me," disse, con un accenno di nervosismo nella voce. "Voglio regalarle un mazzo che rifletta i miei sentimenti. Mi aiuteresti a creare qualcosa che le parli?"

Elena sorrise, con il cuore che si riscaldava al pensiero. "Assolutamente! Iniziamo parlando di cosa significa per te. Quali emozioni vuoi trasmettere?"

Daniel si mosse leggermente, la fronte corrugata mentre cercava le parole giuste. "È una fonte costante di ispirazione. Ammiro la sua forza e gentilezza, ma sento anche un senso di desiderio. Voglio che sappia quanto significa per me."

Mentre parlava, Elena poteva vedere i pensieri girare nella sua mente, il peso delle sue emozioni mescolato all'entusiasmo del compito. "Pensiamo ai fiori," disse, guidandolo verso la selezione di fiori che decorava il negozio. "Che ne dici dei girasoli per calore e ammirazione? E forse delle rose bianche per simboleggiare purezza e nuovi inizi?"

Daniel annuì, gli occhi che si illuminavano. "Sembra perfetto! Cos'altro possiamo aggiungere?"

"Forse un po' di lavanda per calma e devozione, e un tocco di peonie per il romanticismo. Rappresentano fortuna e prosperità in amore," suggerì Elena, con la creatività in pieno fermento.

Insieme, selezionarono accuratamente i fiori, ogni scelta risuonava con i sentimenti di Daniel. Mentre lavoravano fianco a fianco, Elena sentì il familiare conforto della loro amicizia avvolgerla, ma percepì anche una corrente più profonda. C'era una storia tra di loro, un passato condiviso che aleggiava appena sotto la superficie.

Quando ebbero raccolto i fiori, Elena iniziò ad assemblare il mazzo con abile facilità. Mentre intrecciava i fiori, condivideva aneddoti sui loro significati, dando vita alla composizione. "Sai, i fiori possono portare il peso delle nostre esperienze," disse, aggiungendo con cura la lavanda. "Possono raccontare storie di amore, perdita e speranza."

Daniel osservava con attenzione, catturato dalla sua passione. "Hai davvero un talento con loro, Elena. È come se parlassi la loro lingua," commentò, con ammirazione evidente nel tono.

Elena sentì un lieve rossore, ma scosse la testa con modestia. "Si tratta solo di capire la loro simbologia. Proprio come nella scrittura, le parole giuste possono evocare emozioni potenti. I fiori non sono diversi."

Una volta completato il mazzo, Daniel si fece indietro per ammirare il lavoro. Era una composizione mozzafiato, un mix vibrante di colori e trame che parlava da sé. "Penso che le piacerà," disse, con un sorriso che gli si allargava sul volto.

Mentre Daniel lasciava il negozio, mazzo alla mano, Elena sentì una sensazione di soddisfazione. Aiutarlo a creare qualcosa di significativo era appagante, ma c'era una domanda persistente nella sua mente. Riuscirà mai a trovare il coraggio di esprimere i propri sentimenti?

Quella sera, dopo aver chiuso il negozio, Elena si trovò a fissare lo specchio nel soggiorno. Il riflesso che la guardava era sia familiare sia estraneo—una donna in procinto di cambiare, ma ancora esitante ad abbracciarlo. Aveva sempre riversato il suo cuore nel suo lavoro, ma che dire dei suoi stessi sentimenti? Che dire delle parole non dette che danzavano ai margini della sua coscienza, specialmente riguardo a Daniel?

Il giorno successivo, si trovò a rivedere il mazzo che aveva creato per Daniel. Era stato un riflesso dei suoi sentimenti, ma ora si rendeva conto che era diventato anche un riflesso dei suoi. Con ogni fiore, sentiva un'ondata di desiderio, un desiderio di articolare le complessità del suo cuore.

In un momento di decisione, Elena decise di fare un salto di fede. Preparò un mazzo per Daniel, un mix vibrante di colori che catturava l'essenza della loro amicizia e dei suoi sentimenti non detti. Mentre lavorava, i fiori sembravano sussurrarle, incoraggiandola a esprimere ciò che era rimasto nascosto per troppo tempo.

Più tardi quella sera, mentre il sole tramontava, gettando una calda luce sulla città, Elena raccolse il suo mazzo e si diresse verso Daniel. Sentiva un misto di eccitazione e ansia; questo era un territorio inesplorato per lei.

Quando arrivò al suo appartamento, esitò per un momento, il cuore che le martellava nel petto. Facendo un respiro profondo, bussò alla porta. Daniel la aprì, la sorpresa che le illuminava il volto. "Elena! Che bel sorpresa!"

"Ti ho portato qualcosa," disse, la voce ferma nonostante il vortice di emozioni dentro di lei. Gli porse il mazzo, il cuore che le batteva forte mentre parlava. "Questi fiori rappresentano la nostra amicizia e... beh, quello che volevo dirti da tempo."

Gli occhi di Daniel si allargarono mentre osservava il mazzo, i colori vivaci e invitanti. "Sono bellissimi," disse, commosso. "Cosa significano?"

Elena sentì le parole sgorgare dalle sue labbra, una liberazione di tutto ciò che aveva tenuto dentro. "I girasoli rappresentano il calore e l'ammirazione che ho sempre provato per te. Le rose bianche simboleggiano la purezza della nostra connessione, e la lavanda è per la calma che porti nella mia vita. Le peonie... rappresentano i miei sentimenti per te, che sono cresciuti nel tempo."

Un momento di silenzio si sospese tra loro, l'aria carica di attesa. L'espressione di Daniel passò dalla sorpresa a qualcosa di più profondo—comprensione. "Non sapevo che provassi questo," disse dolcemente, i suoi occhi che cercavano i suoi.

"Avevo paura di dirlo," ammise Elena, la voce appena sopra un sussurro. "Non volevo rovinare quello che avevamo. Ma ho capito che i legami che ci uniscono sono più forti delle mie paure."

Daniel si avvicinò, prendendo il mazzo tra le mani. "L'ho sentito anch'io," confessò, con voce calma. "Ma avevo paura di ammetterlo. Non volevo mettere a rischio la nostra amicizia."

In quel momento, tutto cambiò. Le barriere che avevano costruito intorno ai loro cuori iniziarono a sgretolarsi, rivelando la vulnerabilità e la connessione che entrambi avevano desiderato.

Mentre stavano sulla soglia, il mondo esterno sfumò sullo sfondo. I fiori, ora simbolo vibrante delle loro emozioni non dette, colmavano il divario che li aveva separati per così tanto tempo.

"Esploriamolo insieme," disse Daniel, un sorriso che gli si allargava sul volto. "Dobbiamo a noi stessi la possibilità di vedere dove ci può portare."

Con i cuori intrecciati e un mazzo di possibilità tra loro, Elena e Daniel si avviarono verso il prossimo capitolo delle loro vite. Il linguaggio dei fiori aveva aperto la porta a una connessione più profonda, rivelando il potere della vulnerabilità e la bellezza delle emozioni condivise.

Nelle settimane successive, la loro relazione sbocciò come i fiori che li avevano uniti. Esplorarono i loro sentimenti attraverso risate, sogni condivisi e segreti sussurrati, creando un giardino di ricordi che fioriva ogni giorno di più.

Elena aveva scoperto non solo il coraggio di esprimere le sue emozioni, ma anche l'impatto profondo della connessione e della comprensione. Il viaggio era solo all'inizio, e mentre abbracciava i legami che li univano, sapeva che insieme avrebbero potuto affrontare le complessità dell'amore e dell'amicizia, coltivando una relazione che celebrava la bellezza dell'esperienza umana.

Vocabulary List

Italian Word	English Translation
Fiore	Flower
Mazzo	Bouquet
Amicizia	Friendship
Sentimento	Feeling
Speranza	Hope
Sorriso	Smile
Connessione	Connection
Emozione	Emotion
Timore	Fear
Cuore	Heart
Coraggio	Courage
Legame	Bond
Possibilità	Possibility
Girasole	Sunflower
Rosa	Rose
Significato	Meaning
Amicizia	Friendship
Esperienza	Experience
Comprensione	Understanding
Vulnerabilità	Vulnerability

Questions about the Story

1. What was the name of Elena's flower shop?
   a) Petals & Promises
   b) Bloom & Blossoms
   c) Flowers of Hope

2. What flower did Elena suggest to represent warmth and admiration?
   a) Peony
   b) Sunflower
   c) White Rose

3. Who was Daniel to Elena?
   a) Her cousin
   b) Her childhood friend
   c) Her boss

4. What did Elena realize while making the bouquet for Daniel?
   a) Her love for her career
   b) Her unspoken feelings for Daniel
   c) Her need to travel

5. What emotion did the peonies represent in the bouquet?
   a) Good fortune
   b) Calmness
   c) Love

Answer Key

1. a
2. b
3. b
4. b
5. c

L'Effetto Domino

Nella pittoresca cittadina di Maplewood, dove le strade erano fiancheggiate da aceri e la comunità era strettamente intrecciata, le vite si svolgevano con un ritmo tranquillo. Ogni mattina, i cittadini si salutavano con cenni familiari e sorrisi caldi, ma sotto la superficie si celavano lotte e aspirazioni non dette, che pulsavano silenziosamente attraverso la trama delle loro interazioni. Fu qui, in questo luogo apparentemente ordinario, che ebbe inizio una straordinaria catena di eventi con un semplice atto di gentilezza.

In una fresca mattina autunnale, Ava Thompson, una gentile bibliotecaria nota per i suoi modi pacati, decise di prendere un percorso diverso per andare al lavoro. Il tragitto che percorreva di solito era ben noto e prevedibile, ma quel giorno un impulso spontaneo la spinse verso un parco nelle vicinanze. Le foglie dorate scricchiolavano sotto i suoi piedi mentre camminava, sentendosi pervasa da un senso di serenità.

Entrando nel parco, notò un giovane ragazzo seduto da solo su una panchina, la testa china per la disperazione. Ava si fermò, sentendo il cuore stringersi a quella vista. Il ragazzo, che non doveva avere più di dieci anni, aveva i capelli spettinati e macchie di sporco sulle guance. Stringeva un vecchio pallone da calcio, lo sguardo fisso a terra come se reggesse il peso del mondo.

"Ehi," disse Ava dolcemente, inginocchiandosi accanto a lui. "Cosa ti rende così triste?"

Il ragazzo alzò lo sguardo, sorpreso, con gli occhi spalancati. "Non posso più giocare a calcio," mormorò, la voce appena udibile. "I miei amici non vogliono più giocare con me perché non posso permettermi delle nuove scarpe da calcio."

Il cuore di Ava sprofondò. Sapeva che, a volte, anche le cose più piccole potevano sembrare insormontabili per un bambino. "È davvero difficile," rispose, offrendogli un sorriso comprensivo. "Ma sai una cosa? Credo che un buon paio di scarpe possa fare davvero la differenza."

Senza esitare, Ava frugò nella borsa e tirò fuori una banconota da venti dollari. "Prendi questa. Spero ti aiuti a comprarti quelle scarpe."

Gli occhi del ragazzo si spalancarono, l'incredulità scritta sul volto. "Davvero? Non devi farlo!"

"So che non devo," disse Ava, il sorriso fermo. "Ma voglio farlo. Ricorda solo che la gentilezza è come un boomerang; torna sempre indietro."

Il ragazzo accettò i soldi, il volto che passava dalla tristezza alla gratitudine. "Grazie!" esclamò, un sorriso sincero che rompeva il suo precedente sconforto. Con questo, Ava lo lasciò ai suoi pensieri, sentendo un calore diffondersi nel petto mentre continuava il suo cammino verso la biblioteca.

Senza saperlo, quel piccolo atto di gentilezza di Ava innescò un effetto domino che avrebbe toccato molte vite.

Quel pomeriggio, il ragazzo, che si chiamava Ethan, corse entusiasta al negozio di articoli sportivi con sua madre, emozionato all'idea di comprare un paio di nuove scarpe da calcio. Il giorno successivo, a scuola, Ethan indossò le nuove scarpe e si unì ai suoi amici sul campo di calcio con rinnovata sicurezza. I suoi amici lo riaccolsero nel gruppo, comprendendo che la loro amicizia era più importante delle cose materiali.

Nel frattempo, la madre di Ethan, Mia, lottava per sbarcare il lunario, facendo due lavori per sostenere la famiglia. Vedendo la gioia di Ethan al ritorno dal negozio, qualcosa cambiò dentro di lei. Sentì una scintilla di speranza riaccendersi, un ricordo del potere della comunità e della connessione. Ispirata dall'esperienza del figlio, decise di fare visita alla vicina, la signora Jennings, una donna anziana famosa per la sua torta di mele.

Mia bussò alla porta della signora Jennings con un piatto di biscotti appena sfornati. "Volevo solo ringraziarla per essere sempre così gentile con noi," disse Mia con sincerità. "Ethan si sente molto meglio, e penso sia grazie ai piccoli gesti di gentilezza che ci scambiamo."

La signora Jennings sorrise, con gli occhi che brillavano di gioia. "Sai, cara, siamo tutti insieme in questo. Ti va di prendere il tè con me la prossima settimana? Ho alcune storie da raccontare."

La loro amicizia fiorì nelle settimane successive, con Mia che aiutava la signora Jennings nelle faccende in cambio di racconti sulla sua vita. A sua volta, la signora Jennings condivideva saggezze sulla resilienza, sull'amore e sull'importanza della gentilezza nella comunità. Il legame che si formò tra di loro non solo risollevò i loro animi, ma creò anche un nuovo senso di appartenenza.

Man mano che l'effetto domino continuava, il rinnovato ottimismo di Mia la ispirò a proporre un progetto comunitario per unire le persone. Organizzò una giornata di pulizia del quartiere, coinvolgendo famiglie per abbellire il parco locale. L'evento suscitò entusiasmo, con i bambini che dipingevano le panchine e i genitori che piantavano fiori. La gioia nell'aria era palpabile, e per Mia fu il culmine della gentilezza che aveva innescato questa trasformazione.

Il giorno della pulizia, mentre le famiglie lavoravano fianco a fianco, Ava arrivò, sorpresa di vedere la vivace riunione. La vista la riempì di orgoglio e soddisfazione. Si unì ai lavori, contribuendo con le sue mani. Mentre scavava una piccola buca per un fiore, sentì Ethan e Mia chiacchierare.

"Grazie a questa straordinaria signora," disse Ethan, indicando Ava, "ho ottenuto nuove scarpe e ora sono di nuovo sul campo!"

Mia si girò, riconoscendo Ava. "Sei tu che hai aiutato mio figlio! Grazie per la gentilezza che gli hai dimostrato."

Ava sorrise, il cuore che le si riempiva di calore. "È stato solo un piccolo gesto. Non avevo idea che avrebbe portato a tutto questo."

Mentre conversavano, i tre si ritrovarono immersi nello spirito di comunità, con le loro storie intrecciate a quelle degli altri. Il progetto fiorì in qualcosa di più di una semplice pulizia; divenne una celebrazione della coesione, un momento in cui tutti riconobbero l'impatto delle proprie azioni nella vita degli altri.

La giornata di pulizia divenne una tradizione annuale, un simbolo di unità a Maplewood. Famiglie che un tempo erano estranee ora condividevano grigliate, giocavano a calcio e si raccontavano storie. Ridevano, piangevano e celebravano i successi l'uno dell'altro, tutto radicato nella gentilezza che aveva innescato questa trasformazione.

Col passare delle stagioni e degli anni, l'effetto domino continuava a risuonare attraverso la comunità. Nuove famiglie si trasferirono, attratte dal senso di appartenenza che permeava Maplewood, e quelle vecchie si avvicinarono ancora di più. Mia e la signora Jennings collaborarono a varie iniziative, mentre i fiori di Ava illuminavano il parco ogni primavera, servendo da promemoria dell'interconnessione delle loro vite.

Una sera tranquilla, mentre Ava curava il suo giardino, si trovò a riflettere sul viaggio che era iniziato con quel semplice atto di gentilezza. Capì che la vita era un delicato arazzo, tessuto dai fili delle esperienze condivise, delle risate e persino delle lacrime. Le connessioni formate a Maplewood non solo avevano arricchito la sua vita, ma avevano anche creato un'eredità di compassione e sostegno.

Mentre potava le ultime rose, sentì un senso di realizzazione, sapendo che ogni piccolo atto di gentilezza poteva propagarsi nel mondo, toccando vite in modi che non si potevano mai comprendere appieno. Nel cuore di Maplewood, la gentilezza era diventata una lingua parlata da tutti—una testimonianza del potere duraturo della connessione e della bellezza della comunità.

Vocabulary List

Italian Word	English Translation
Gentilezza	Kindness
Comunità	Community
Parco	Park
Pulizia	Cleanup
Racconto	Story
Solidarietà	Togetherness
Orgoglio	Pride
Appartenenza	Belonging
Esperienza	Experience
Giocare	To play
Risata	Laughter
Condivisione	Sharing
Calore	Warmth
Tradizione	Tradition
Interconnessione	Interconnection
Compassione	Compassion
Riflessione	Reflection
Saggezza	Wisdom
Gesto	Gesture
Sorriso	Smile

Questions about the Story

1. What did Ava give to Ethan in the park?
   a) A book
   b) Money for cleats
   c) Her phone number

2. Who did Mia visit to show appreciation?
   a) Ava
   b) Her mother
   c) Mrs. Jennings

3. What event did Mia organize in the neighborhood?
   a) A community play
   b) A cleanup day
   c) A fundraising event

4. What did Ethan say his friends valued more than material possessions?
   a) Their friendship
   b) Soccer skills
   c) School grades

5. What was Ava reminded of while reflecting in her garden?
   a) The beauty of nature
   b) The power of kindness
   c) Her old friendships

Answer Key

1. b
2. c
3. b
4. a
5. b

I Segreti che Custodiamo

La dottoressa Olivia Hayes aveva dedicato la sua vita a comprendere le complessità della mente umana. Come terapista esperta, aveva passato anni aiutando i suoi pazienti a districare la rete dei loro traumi passati, guidandoli verso la guarigione e la scoperta di sé. Ogni seduta era un'esplorazione, un viaggio nelle profondità del dolore, del rimpianto e della resilienza. Eppure, mentre sedeva nel suo accogliente studio, circondata da scaffali pieni di testi di psicologia e opere d'arte rilassanti, sentiva le pareti chiudersi intorno a lei, un fastidioso promemoria dei segreti che custodiva.

In un freddo mercoledì pomeriggio, mentre le ultime foglie d'autunno danzavano fuori dalla finestra, Olivia incontrò il suo paziente, Marco. Un giovane di poco meno di trent'anni, Marco si recava in terapia da alcuni mesi per affrontare gli effetti persistenti di un'infanzia traumatica. Le sue sedute spesso riportavano alla luce una moltitudine di emozioni, ma quel giorno, mentre Olivia si sistemava sulla sedia, percepì un peso palpabile nell'aria.

"Buon pomeriggio, Marco," iniziò, la voce calda ma professionale. "Come ti senti oggi?"

Si agitò sulla sedia, lo sguardo fisso a terra. "Non molto bene, a dire il vero," ammise, la voce quasi un sussurro. "Continuo a pensare a mio padre… e alle cose che diceva."

Olivia annuì, incoraggiandolo a proseguire. "Ti andrebbe di condividere ciò che hai in mente?"

Marco prese un respiro profondo, la tensione evidente nella sua postura. "È solo che pensavo di aver superato tutto.

Pensavo di stare bene, ma ora continuo a sentire la sua voce nella testa, che mi dice che non sono abbastanza."

Mentre Marco parlava, Olivia sentì un nodo stringersi nel petto. Le sue parole rieccheggiavano le proprie insicurezze, un riflesso dei suoi irrisolti problemi con suo padre, una figura autoritaria che le aveva instillato una profonda paura del fallimento. Aveva passato anni in terapia lei stessa, cercando di navigare nella complessa relazione con i genitori, eppure eccola lì, a fatica per rimanere presente per il suo paziente.

"Marco, è importante ricordare che quelle voci del passato possono essere potenti, ma non definiscono chi siamo oggi," disse, cercando di riportare la conversazione su un terreno più sicuro. "Hai fatto progressi incredibili, ed è normale sentirsi vulnerabili."

Marco la guardò negli occhi, pieno di incertezza. "Ma cosa succede se non sto facendo progressi? Se sto solo fingendo?"

Le parole di Marco colpirono Olivia come un'onda improvvisa. Sentiva le sue difese cedere, i livelli di professionalità sfaldarsi. Era un territorio pericoloso, dove il paesaggio emotivo della terapista cominciava a intrecciarsi con quello del paziente.

"Esploriamo questa idea," suggerì, la voce ferma nonostante il tumulto interiore. "Come appare il 'fingere' per te?"

Mentre Marco si apriva, raccontando episodi in cui aveva mascherato i suoi sentimenti, Olivia si ritrovava a tracciare paralleli con la propria vita. Ricordava le innumerevoli volte in cui aveva proiettato forza mentre dentro di sé lottava con il dubbio, mantenendo un'immagine che si allineava con il suo ruolo di terapista. Questa dissonanza cognitiva la faceva sentire sempre più priva di ancoraggi.

I giorni si trasformarono in settimane, e Olivia continuò a incontrare Marco, ogni seduta diventava più complessa mentre le loro lotte intrecciate si dipanavano. Lui raccontava storie della sua infanzia, rivelando la profondità del suo dolore, mentre lei si sentiva sempre più vulnerabile, rivivendo le proprie esperienze nel tentativo di empatizzare.

Una sera, dopo una seduta particolarmente intensa, Olivia rimase nel suo studio, combattendo un senso di inquietudine. I suoi principi etici cominciavano a vacillare; come poteva guidare Marco attraverso il suo trauma mentre lei stessa lottava con i suoi? Era etico rivelare le sue esperienze, condividere le sue difficoltà con un paziente che si affidava a lei per avere delle risposte?

Quella notte, non riuscì a dormire, il peso del suo conflitto interiore la opprimeva come una fitta nebbia. Il giorno successivo, prese una decisione inaspettata. Fissò una seduta con la sua terapista, la dottoressa Simmons, una persona di cui si fidava da anni.

Seduta di fronte alla dottoressa Simmons, Olivia sentì una valanga di emozioni. "Ho difficoltà," ammise, la voce tremante. "Mi sono così concentrata ad aiutare i miei pazienti che ho trascurato la mia stessa guarigione. Le sedute con Marco hanno riportato a galla tanti sentimenti irrisolti, e non so come affrontarli."

La dottoressa Simmons l'ascoltava attentamente, con un'espressione di empatia e comprensione. "È naturale sentirsi sfidati quando le storie dei nostri pazienti risuonano con le nostre," disse. "La chiave è riconoscere i propri sentimenti e permettersi di elaborarli senza farli interferire con il proprio lavoro."

"Ho paura," confessò Olivia. "E se non riuscissi a essere la terapista di cui Marco ha bisogno? E se i miei problemi oscurassero i suoi progressi?"

"La vulnerabilità non è una debolezza; è una forza," rispose dolcemente la dottoressa Simmons. "Riconoscere le proprie difficoltà ti permette di connetterti in modo più autentico con i tuoi pazienti. Ma devi anche stabilire dei limiti per assicurarti di non perderti nel processo."

Tornando nel suo ufficio, Olivia sentì affiorare una nuova chiarezza. Sapeva di dover affrontare le sue paure, non solo per se stessa, ma anche per Marco. La prossima seduta sarebbe stata un punto di svolta, un momento per ridefinire i confini della loro relazione terapeutica.

Quando Marco arrivò, sembrava più cupo del solito, il peso dei suoi sentimenti irrisolti evidente nella sua postura. Mentre si sistemavano per la seduta, Olivia prese un respiro profondo, pronta a condividere una parte di sé che aveva sempre tenuto nascosta.

"Marco," iniziò, la voce ferma ma vulnerabile, "vorrei parlare di qualcosa che mi sta pesando. Il tuo percorso rispecchia alcune delle mie esperienze, e penso che sia importante riconoscerlo."

Marco alzò lo sguardo, incuriosito. "Cosa intendi?"

"Anch'io ho lottato con sentimenti di inadeguatezza e con la pressione di mantenere una facciata di forza," ammise Olivia. "Ho capito che le mie esperienze possono arricchire il nostro lavoro insieme, ma non voglio che esse oscurino i tuoi progressi. Voglio che affrontiamo questo insieme."

Un bagliore di comprensione attraversò il volto di Marco. "Vuoi dire che... non sei solo la mia terapista? Hai affrontato anche tu queste cose?"

"Sì," affermò, sentendo il legame tra loro approfondirsi. "E credo che riconoscere la nostra umanità condivisa possa rafforzare il nostro lavoro insieme. È normale essere vulnerabili."

Marco annuì lentamente, elaborando le sue parole. "Immagino di essermi concentrato tanto sul mio dolore da non aver considerato che anche tu potessi avere le tue lotte."

In quel momento, l'aria tra loro cambiò, la distanza professionale che una volta definiva il loro rapporto si dissolse in qualcosa di più profondo. Iniziarono a condividere le loro storie, le paure, le speranze e i pesi che entrambi avevano portato con sé.

Nel corso delle settimane successive, le loro sedute si trasformarono in un'esplorazione collaborativa dell'identità e del trauma. Marco cominciò ad aprirsi più liberamente, sentendo la sicurezza della vulnerabilità condivisa. I suoi progressi accelerarono, e insieme svelarono le radici del suo dolore, esponendole alla luce della comprensione.

Il confine tra terapista e paziente si fece sfocato, ma Olivia sentì emergere una nuova chiarezza etica. Non aveva compromesso il suo ruolo; anzi, l'aveva arricchito permettendo all'autenticità di permeare il loro lavoro.

Mentre le settimane si trasformavano in mesi, Olivia realizzò che la guarigione non era un'impresa solitaria. L'atto di condividere pesi e affrontare vulnerabilità non solo trasformò il percorso di Marco, ma catalizzò anche il proprio processo di guarigione. Insieme, crearono uno spazio dove il dolore poteva essere affrontato, e i segreti che custodivano non erano una fonte di vergogna, ma un sentiero verso la crescita.

Un pomeriggio piovoso, mentre concludevano una seduta particolarmente profonda, Marco guardò Olivia con gratitudine negli occhi. "Grazie per aver condiviso il tuo viaggio con me. Ha fatto la differenza."

Olivia sorrise, sentendo il peso delle esperienze condivise unirli in un modo unico. "Tutti noi portiamo dei segreti, Marco. Ma è il modo in cui li affrontiamo e impariamo da essi che modella le nostre vite."

Mentre lo guardava andare via, un profondo senso di connessione riempì il suo cuore. Il viaggio della guarigione non era solo una questione individuale, ma un intreccio di esperienze condivise che li legava tutti insieme.

Nei mesi che seguirono, la stanza della terapia divenne un santuario, un luogo in cui i segreti che custodivano si trasformarono in lezioni di resilienza, empatia e comprensione. Olivia capì che affrontare il proprio passato non era un sentiero solitario, ma un viaggio reso più ricco dalle connessioni formate lungo il cammino.

Riflettendo sulla sua esperienza con Marco, capì che la vulnerabilità non era una debolezza, ma una fonte di forza, uno strumento potente nell'arte della guarigione. I segreti che una volta avevano portato da soli ora erano condivisi, illuminando la bellezza della connessione umana e il profondo impatto di affrontare il passato insieme.

Vocabulary List

Italian Word	English Translation
Guarigione	Healing
Terapista	Therapist
Segreti	Secrets
Vulnerabilità	Vulnerability
Condivisione	Sharing
Resilienza	Resilience
Riflessione	Reflection
Connessione	Connection
Esperienze	Experiences
Sofferenza	Suffering
Consapevolezza	Awareness
Inadeguatezza	Inadequacy
Crescita	Growth
Autenticità	Authenticity
Dubbi	Doubts
Umanità	Humanity
Emotivo	Emotional
Progresso	Progress
Empatia	Empathy
Sostegno	Support

Questions about the Story

1. What is Dr. Olivia Hayes' profession?
   a) Doctor
   b) Teacher
   c) Therapist

2. What brings Olivia to schedule her own therapy session?
   a) Stress at work
   b) Her unresolved feelings with Marco's case
   c) A conflict with her family

3. Who does Olivia talk to in her own therapy session?
   a) Dr. Simmons
   b) Marco
   c) Her supervisor

4. What does Olivia realize is not a weakness but a strength?
   a) Knowledge
   b) Vulnerability
   c) Silence

5. How does Marco respond to Olivia's vulnerability?
   a) With fear
   b) With gratitude
   c) With hesitation

Answer Key

1. c
2. b
3. a
4. b
5. b

Il Confine della Ragione

La dottoressa Sophia Grant stava davanti alla grande finestra del suo laboratorio, il cuore che batteva forte mentre osservava la vasta città sottostante. Il sole stava tramontando, tingendo lo skyline di una tonalità dorata, ma dentro di lei infuriava una tempesta. Era sull'orlo di una scoperta scientifica che poteva rivoluzionare la medicina, eppure le implicazioni della sua ricerca incombevano più grandi della città stessa, proiettando lunghe ombre sulla sua coscienza.

Negli ultimi cinque anni, Sophia aveva dedicato la sua vita allo studio del genoma umano, spingendo i confini dell'editing genetico. La sua ricerca si concentrava sulla tecnologia CRISPR, un metodo che permetteva agli scienziati di modificare i geni con una precisione senza precedenti. Il suo obiettivo era nobile: eliminare i disordini genetici che affliggevano innumerevoli vite. Ma, man mano che si addentrava nel suo lavoro, le complessità morali si dispiegavano davanti a lei come un intricato arazzo, intrecciando fili di possibilità e pericolo.

La svolta arrivò inaspettatamente. Dopo innumerevoli ore di ricerca meticolosa, sviluppò un metodo per correggere la mutazione genetica responsabile di una malattia rara e debilitante. I dati erano convincenti e i risultati sembravano impeccabili. Immaginava un mondo in cui i bambini non avrebbero più sofferto di mali che un tempo sembravano insormontabili. Tuttavia, con questo trionfo, arrivò anche un dubbio persistente, un sussurro nella mente che non riusciva a ignorare.

Una sera tardi, mentre esaminava i suoi risultati, Sophia si imbatté in un articolo sulle implicazioni etiche dell'editing genetico. Più leggeva, più il suo cuore si affondava.

Scienziati di tutto il mondo mettevano in guardia sui possibili effetti collaterali: alterazioni che potevano riverberarsi attraverso le generazioni, influenzando non solo l'individuo ma il tessuto stesso dell'umanità. Aveva sempre creduto nel metodo scientifico, fondato sulla logica e sulla ragione, ma e se la ragione non fosse sufficiente?

Mentre lottava con i suoi pensieri, il suo collega e caro amico, il dottor Marcus Chen, entrò nel laboratorio. "Ehi, Sophia! Sembri come se avessi visto un fantasma," scherzò, alleggerendo l'atmosfera. Ma Sophia non riuscì a sorridere.

"Marcus, dobbiamo parlare della ricerca," disse, la voce ferma ma intrisa di urgenza.

Si avvicinò, l'espressione che si faceva più seria. "Cosa hai in mente?"

"Ho pensato alle implicazioni del nostro lavoro. Siamo sull'orlo di qualcosa di rivoluzionario, ma e se non fosse così semplice come pensiamo?" spiegò Sophia, gesticolando animatamente. "E se creassimo qualcosa che non possiamo controllare?"

Marcus aggrottò le sopracciglia, elaborando le sue parole. "Intendi le preoccupazioni etiche? Capisco il tuo punto di vista, ma non possiamo lasciarci frenare dalla paura. I potenziali benefici sono enormi."

"Oppure i rischi potrebbero essere catastrofici," ribatté lei, con il cuore che accelerava. "E se creassimo una divisione genetica? E se questa tecnologia venisse usata per migliorare certi tratti, portando a una nuova forma di eugenetica? Potremmo giocare a fare Dio, Marcus."

Lui sospirò, passandosi una mano dietro il collo. "Sai che rispetto le tue preoccupazioni, ma la scienza riguarda il progresso. Non possiamo smettere di esplorare solo perché è scomodo."

La frustrazione di Sophia affiorò in superficie. "Ma a quale costo? Abbiamo la responsabilità di considerare le implicazioni più ampie. Voglio aiutare le persone, non creare un incubo."

Quella notte, Sophia si rigirò nel letto, il peso dei suoi pensieri che premeva su di lei come un'ancora. Immagini di bambini affetti da disordini genetici le passavano per la mente, ma presto furono oscurate dalle possibilità più oscure della sua ricerca: lo spettro di un mondo diviso dalla genetica, in cui solo i ricchi potevano permettersi miglioramenti, lasciando i meno fortunati a languire nei loro difetti ereditari.

Spinta da una miscela di paura e determinazione, Sophia decise di approfondire il panorama etico che circondava l'editing genetico. Contattò bioeticisti, scienziati e sociologi, cercando una prospettiva più ampia. Nel suo viaggio alla ricerca di comprensione, frequentò conferenze, partecipò a discussioni e si immerse in letture che mettevano in discussione i suoi punti di vista.

Più imparava, più si rivelavano le sfumature della questione. Incontrò opinioni diverse: alcuni sostenevano che l'editing genetico poteva sradicare le malattie, mentre altri mettevano in guardia contro i pericoli del "giocare a fare Dio". I dibattiti erano accesi, spesso polarizzati, e Sophia si trovava a confrontarsi con l'ambiguità che definiva il discorso.

Finalmente, dopo settimane di introspezione e di esplorazione, Sophia convocò una riunione con il suo team di ricerca. L'atmosfera nella stanza era carica mentre esponeva le sue preoccupazioni, la voce ferma. "Dobbiamo fermare la nostra ricerca e riesaminare le implicazioni di ciò che stiamo facendo. Abbiamo l'obbligo morale di considerare le possibili conseguenze per l'umanità."

Il team si scambiò sguardi, una miscela di sorpresa e comprensione che brillava nei loro occhi. Marcus fu il primo a parlare. "Apprezzo il tuo coraggio nel sollevare questo argomento, Sophia. È facile perdersi nell'eccitazione della scoperta. Ma dobbiamo a noi stessi e alla società di procedere con cautela."

La discussione si trasformò in un dialogo ricco che esplorava non solo gli aspetti scientifici del loro lavoro ma anche le considerazioni etiche che erano state messe da parte nella corsa al progresso. Discuterono delle responsabilità degli scienziati, della necessità di regolamentazioni e dell'importanza del discorso pubblico nel plasmare il futuro dell'editing genetico.

Alla fine della riunione, Sophia sentì un rinnovato senso di scopo. Si rese conto che il vero potere della scienza non risiedeva solo nella scoperta, ma nel dialogo che essa generava e nelle connessioni che forgiava. Decisero di pubblicare i loro risultati, ma anche una revisione completa che includesse le dimensioni etiche del loro lavoro. Era tempo di coinvolgere la comunità, di educare il pubblico e di aprire la conversazione sulla direzione dell'editing genetico.

Nei mesi successivi, mentre il discorso si espandeva e la comunità si coinvolgeva, Sophia si sentiva rinvigorita dalle connessioni che forgiava. Partecipava a assemblee cittadine, parlava in forum pubblici e collaborava con artisti e narratori per comunicare la complessità della loro ricerca.

Da scienziata che lavorava in isolamento, si era trasformata in un campione del progresso responsabile.

Una sera, mentre si preparava per una discussione comunitaria nell'auditorium locale, si trovò di fronte allo specchio nel suo piccolo appartamento, il peso del suo percorso inciso nei suoi tratti. Aveva capito che i segreti che custodiamo spesso sono quelli che ci definiscono: le paure, i dubbi e le speranze che rimangono appena sotto la superficie.

Mentre saliva sul palco, i volti ansiosi del pubblico le ricordavano la responsabilità che portava. Parlò con passione dell'importanza della collaborazione, della trasparenza e della responsabilità nelle imprese scientifiche. L'effetto domino della sua decisione di affrontare le sue paure aveva trasformato non solo il suo lavoro, ma anche l'approccio dell'intera comunità al futuro dell'editing genetico.

Sophia capì che la strada davanti sarebbe stata irta di sfide e dilemmi etici. Tuttavia, era pronta ad affrontarla, armata della consapevolezza che il vero progresso deve comprendere l'intricato equilibrio tra scienza, etica e umanità.

Mentre gli applausi riempivano l'auditorium, Sophia sentì un'ondata di speranza. I segreti che custodivano non erano più una fonte di paura, ma piuttosto un catalizzatore per il dialogo, la comprensione e, in ultima analisi, il miglioramento della società. Il confine della ragione si era rivelato un luogo di connessione, uno spazio in cui compassione e curiosità potevano prosperare, aprendo la strada a un futuro in cui la scienza serviva i migliori interessi dell'umanità.

Vocabulary List

Italian Word	English Translation
Laboratorio	Laboratory
Ricerca	Research
Genoma	Genome
Scoperta	Breakthrough
Sperimentazione	Experimentation
Etica	Ethics
Responsabilità	Responsibility
Collaborazione	Collaboration
Confronto	Debate
Innovazione	Innovation
Dilemma	Dilemma
Scienziato	Scientist
Dubbi	Doubts
Consapevolezza	Awareness
Implicazioni	Implications
Progressi	Progress
Tecnologia	Technology
Trasformazione	Transformation
Speranza	Hope
Società	Society

Questions about the Story

1. What is Dr. Sophia Grant's field of study?
   a) Medicine
   b) Genetic research
   c) Chemistry

2. What technology does Sophia work with?
   a) CRISPR
   b) AI
   c) Robotics

3. Who does Sophia discuss her ethical concerns with?
   a) Dr. Simmons
   b) Dr. Marcus Chen
   c) Dr. Rivera

4. What decision does Sophia ultimately make about her research?
   a) To continue without change
   b) To pause and reassess
   c) To abandon it

5. What does Sophia realize at the end of the story?
   a) That her fears are insignificant
   b) That science alone can solve all issues
   c) That progress requires ethics and humanity

Answer Key

1. b
2. a
3. b
4. b
5. c

Il Mentore Inaspettato

Evelyn Parker non era nuova al successo. A trentacinque anni, era l'amministratore delegato di una fiorente startup tecnologica che aveva visto un'impennata di valore in pochi anni. Con un ufficio elegante nel cuore della città e un team di dipendenti devoti, era diventata una presenza formidabile nell'industria tecnologica. Eppure, mentre guardava dalla finestra del suo ufficio le strade trafficate sottostanti, spesso sentiva crescere un vuoto interiore—un'assenza che né il successo né la ricchezza riuscivano a colmare.

Fu durante una delle sue corse mattutine, un rituale che aveva adottato per mantenere la salute fisica in mezzo al caos della vita professionale, che lo incontrò per la prima volta. Seduto a gambe incrociate sul marciapiede, con abiti logori e capelli arruffati, c'era un uomo profondamente immerso nella pittura. Nonostante il freddo dell'aria mattutina, lavorava con fervore, le mani che si muovevano abilmente su una tela appoggiata sulle ginocchia.

Evelyn rallentò il passo, attratta dai colori vividi che usava, dal modo in cui sembravano danzare sulla tela. "Cosa stai dipingendo?" chiese, incuriosita.

L'artista alzò lo sguardo, gli occhi che brillavano di una miscela di sorpresa e gioia. "È lo skyline," rispose, indicando la città con un gesto ampio. "Ma non è solo ciò che vedo. È come mi fa sentire."

L'interesse di Evelyn aumentò. "È bellissimo. C'è così tanta vita," disse, guardando le pennellate caotiche che sembravano catturare l'energia della città in un modo che non aveva mai considerato prima.

"La vita è un caos," disse lui, un sorriso giocoso che si allargava sul viso. "Proprio come questo dipinto."

Evelyn ridacchiò, la conversazione inaspettata che le risollevava lo spirito. "Immagino tu abbia ragione. Io sono Evelyn, a proposito."

"Piacere, Evelyn. Io sono Leo," rispose con un leggero cenno del capo. "Sono solo un umile artista che cerca di catturare il mondo un colpo di pennello alla volta."

La routine mattutina di Evelyn era stata organizzata in modo meticoloso, lasciando poco spazio per distrazioni. Eppure, qualcosa nel comportamento di Leo la incuriosiva. "Dipingi qui spesso?" chiese, genuinamente interessata.

"Ogni volta che posso," rispose, lo sguardo che tornava alla tela. "È difficile trovare il tempo quando devi sopravvivere, ma l'arte mi tiene in vita."

La conversazione fluiva senza sforzo, e Evelyn si trovò catturata non solo dal talento di Leo, ma anche dalla sua prospettiva sulla vita. Quando riprese la corsa, sentì un'insolita leggerezza nel cuore, un calore che perdurò molto dopo il loro incontro.

I giorni diventarono settimane, ed Evelyn non riusciva a scrollarsi di dosso il ricordo di Leo. Tornò nello stesso luogo ogni mattina, attratta non solo dai colori vividi dell'opera, ma anche dalla complicità che si era formata tra loro. Con ogni incontro, Evelyn si apriva sempre di più, rivelando i suoi problemi, le sue sfide e la sua insoddisfazione per la continua corsa al successo.

Una mattina di sole, mentre sedevano sul marciapiede condividendo un thermos di caffè, Evelyn espresse le sue frustrazioni. "Ho costruito questa azienda dal nulla, ma a volte mi sembra di inseguire solo numeri. È estenuante."

Leo annuì, l'espressione pensierosa. "Hai fatto qualcosa di incredibile, ma a che serve se non ti soddisfa? Il successo non è solo ricchezza; è significato."

Le sue parole risuonarono profondamente in lei, un promemoria della passione che aveva per l'innovazione e la creatività, le stesse cose che l'avevano spinta a creare la sua impresa. "Amavo creare soluzioni che aiutavano le persone," ammise, la voce intrisa di nostalgia. "Ma da qualche parte lungo il percorso ho perso di vista tutto ciò."

"Perché non torni a fare proprio quello?" suggerì Leo, gli occhi che brillavano di entusiasmo. "Usa il tuo talento per fare la differenza. Arte e innovazione possono coesistere, sai."

La mente di Evelyn si riempì di possibilità. Aveva le risorse per iniziare a cambiare le cose, per avere un impatto concreto nella sua comunità. Mentre parlavano, un'idea iniziò a prendere forma—una che combinava il suo spirito imprenditoriale con la visione artistica di Leo.

Ispirata dalla prospettiva di Leo, propose un'iniziativa che avrebbe portato l'arte nello spazio tecnologico, aiutando artisti locali a mostrare le loro opere usando la tecnologia per raggiungere un pubblico più ampio. Sarebbe stata una piattaforma collaborativa, unendo creatività e innovazione e, forse, riaccendendo la sua passione per il lavoro.

Nei mesi successivi, Evelyn si immerse nel progetto, collaborando con Leo e altri artisti locali per creare una piattaforma online che celebrasse l'espressione artistica. Il progetto non solo offriva visibilità a talenti locali, ma promuoveva anche un senso di comunità tra artisti e imprenditori.

Man mano che la piattaforma prendeva forma, Evelyn si rese conto che l'atto di creare qualcosa di significativo aveva risvegliato un senso di scopo nella sua vita. Si sentiva rinvigorita, e il peso del suo precedente successo cominciava a sollevarsi. Non misurava più il suo valore solo in termini di profitti; trovava appagamento nella collaborazione, nella connessione e nella gioia di condividere l'arte con il mondo.

Attraverso questo percorso, Evelyn scoprì che Leo era più di un semplice mentore; era diventato un amico. Il suo sorriso, la sua saggezza e la sua visione libera della vita l'avevano ispirata ad abbracciare l'autenticità. Insieme, ospitarono workshop ed eventi comunitari che univano arte e tecnologia, incoraggiando gli altri a esplorare la propria creatività senza timore di giudizio.

Mentre la piattaforma prendeva piede, Evelyn provava un profondo senso di gratitudine per l'amicizia inaspettata che era sbocciata tra loro. Una sera, sotto il bagliore delle luci di una mostra d'arte che avevano organizzato, Evelyn stava accanto a Leo, osservando i visitatori ammirare le opere esposte.

"Guarda," disse Leo, indicando una giovane artista che aveva appena venduto il suo primo pezzo. "È questo il vero significato di tutto."

Evelyn sorrise, il cuore che si riempiva di orgoglio. "Grazie per essere stata la scintilla che ha acceso questo progetto," disse, la voce sincera. "Non avrei potuto farlo senza di te."

Leo scrollò le spalle, un sorriso modesto che si disegnava sulle sue labbra. "Hai fatto tutto il lavoro duro. Io ti ho solo dato una spinta nella giusta direzione."

La notte continuò tra risate, connessione e celebrazione della creatività. Evelyn realizzò di non aver solo trasformato la propria vita, ma di aver anche creato un effetto a catena che toccava innumerevoli altri. Aiutando artisti locali a prosperare, aveva scoperto una nuova definizione di successo—una radicata nella comunità, nella creatività e nel significato.

Alla fine dell'evento, Evelyn e Leo trovarono un momento di quiete in mezzo alla folla festosa. "E ora? Quali sono i tuoi piani?" chiese Leo, la curiosità che brillava nei suoi occhi.

Evelyn rifletté sulla domanda, sentendo il peso delle possibilità posarsi sulle sue spalle. "Voglio continuare a spingere i confini," rispose pensierosa. "Voglio esplorare come possiamo fondere ulteriormente tecnologia e arte. Forse anche creare programmi di mentoring per giovani creativi."

Leo annuì, chiaramente soddisfatto. "Sembra fantastico. Il mondo ha bisogno di più visionari come te, che siano disposti ad abbracciare l'inconsueto."

In quel momento, Evelyn sentì una spinta di speranza. L'amicizia inaspettata non aveva solo cambiato la sua traiettoria, ma aveva anche illuminato l'interconnessione delle loro esperienze. Si rese conto che il viaggio verso la scoperta di sé era continuo, modellato dalle persone che incontrava e dalle scelte che faceva.

Mentre si immergevano di nuovo nell'energia vibrante della notte, Evelyn sapeva che l'effetto a catena delle loro azioni avrebbe continuato a risuonare nelle vite degli altri. Le lezioni apprese e le amicizie create sarebbero rimaste per sempre impresse nel suo cuore, guidandola mentre abbracciava la bellezza dell'incertezza e l'arte di vivere con autenticità.

Alla fine, Evelyn capì che il successo non era solo una destinazione ma un percorso—un percorso pieno di mentori inaspettati, connessioni profonde e la volontà di abbracciare l'ignoto. Con Leo al suo fianco, era pronta ad esplorare i territori inesplorati del suo potenziale, sapendo che ogni passo avanti avrebbe creato onde di possibilità nel mondo intorno a lei.

Vocabulary List

Italian Word	English Translation
Successo	Success
Imprenditrice	Entrepreneur
Realizzazione	Fulfillment
Innovazione	Innovation
Artista	Artist
Connessione	Connection
Inaspettato	Unexpected
Autenticità	Authenticity
Collaborazione	Collaboration
Comunità	Community
Esperienze	Experiences
Possibilità	Possibility
Significato	Meaning
Esplorare	Explore
Riflessione	Reflection
Passione	Passion
Opportunità	Opportunity
Mentor	Mentor
Intraprendenza	Entrepreneurship
Influenza	Influence

Questions about the Story

1. What did Evelyn often feel despite her success?
   a) Confusion
   b) Emptiness
   c) Satisfaction

2. Where did Evelyn first meet Leo?
   a) At her office
   b) At a gallery
   c) In a park

3. What idea did Evelyn propose to Leo?
   a) A platform combining art and technology
   b) A mentorship program for tech CEOs
   c) A new tech startup

4. How did Evelyn's definition of success change by the end of the story?
   a) She valued community and creativity
   b) She wanted only wealth and power
   c) She preferred to work alone

5. What did Evelyn decide to focus on after the project?
   a) Building more office locations
   b) Financial goals
   c) Mentorship programs for young creatives

Answer Key

1. b
2. c
3. a
4. a
5. c

L'Ombra del Dubbio

Emily Carter aveva sempre creduto nel potere del giornalismo. Per lei, non era semplicemente una professione ma una vocazione—un'opportunità per far luce sull'oscurità che spesso avvolgeva la società. Con dieci anni di esperienza alle spalle, aveva trattato di tutto, dai crimini locali alla politica internazionale. Tuttavia, nulla poteva prepararla al tumulto che l'attendeva quando iniziò a indagare su un caso di corruzione ad alto profilo che coinvolgeva uno dei politici più influenti della città.

Tutto cominciò con una soffiata. Una fonte anonima l'aveva contattata con accuse secondo cui il senatore Jacob Westfield era coinvolto in una rete di tangenti, compensi illeciti e contratti fraudolenti che dirottavano fondi pubblici nelle mani di privati. Più Emily scavava nel passato del senatore, più discrepanze emergevano. I registri finanziari non combaciavano, e le sue connessioni con varie imprese sollevavano sospetti.

Mentre Emily si immergeva nell'indagine, sentiva il brivido della caccia—un'adrenalina da giornalista che le scorreva nelle vene ad ogni nuova scoperta. Eppure, più si addentrava, più iniziava a mettere in dubbio non solo l'etica delle azioni del senatore, ma anche le proprie motivazioni.

Le notti passate in ufficio si trasformarono in mattine anticipate, e la sua vita personale iniziò a sgretolarsi. Gli amici cominciarono a preoccuparsi quando cancellava continuamente i piani, e il suo compagno, Tom, le espresse la propria frustrazione per la sua ossessione per il caso. "Emily, ti stai perdendo in tutto questo," le disse una sera, le sopracciglia aggrottate dalla preoccupazione. "È solo una storia. Devi fare un passo indietro."

Ma Emily ignorò le sue preoccupazioni, convinta che la verità dovesse essere rivelata. Il peso delle informazioni che aveva scoperto gravava su di lei, spingendola avanti. Credeva che smascherare la corruzione non solo avrebbe servito il bene pubblico, ma avrebbe anche dato una spinta alla sua carriera di giornalista investigativa. Gli elogi che immaginava—i premi, il riconoscimento—sembravano a portata di mano.

Una sera, mentre esaminava i documenti alla sua scrivania, Emily si imbatté in un file che le gelò il sangue. Conteneva prove dei legami del senatore con il crimine organizzato—una strada pericolosa che suggeriva minacce ben oltre uno scandalo politico. La consapevolezza la colpì come un fulmine: svelare questa corruzione poteva mettere a rischio la sua vita.

Eppure, l'idea di tirarsi indietro era altrettanto insopportabile. Sentiva una responsabilità nei confronti del pubblico, verso coloro che avrebbero sofferto se la corruzione fosse continuata senza controllo. Divisa tra la sua ambizione e la sua sicurezza, Emily lottava con la propria coscienza. E se stesse scavando troppo a fondo? E se avesse scoperto qualcosa che andava oltre la semplice corruzione, mettendo in pericolo la sua vita?

Con il progredire dell'indagine, cercò di mettersi in contatto con la sua fonte, sperando di ottenere più informazioni. La fonte, che inizialmente era stata desiderosa di aiutare, ora sembrava titubante. "Devo stare attento, Emily. Ci sono forze in gioco che non comprendi pienamente. Stai scavando in qualcosa che potrebbe avere conseguenze serie."

"Mi stai dicendo di fermarmi?" incalzò Emily, la frustrazione che montava.

"Ti sto dicendo di proteggerti," la voce al telefono la avvertì. "La verità può essere pericolosa, e devi chiederti—a quale costo?"

Quella domanda la perseguitava. Mentre restava sveglia di notte, le ombre nella sua stanza sembravano sussurrare dubbi. Stava veramente perseguendo la giustizia, o alimentava semplicemente la sua ambizione? Le fondamenta stesse della sua carriera iniziavano a vacillare, i principi che aveva tanto a cuore le scivolavano tra le dita come sabbia.

La mattina successiva, il capo redattore di Emily la chiamò per una riunione urgente. Aveva ricevuto pressioni dalla direzione superiore per ridimensionare l'indagine a causa delle possibili ripercussioni che avrebbe potuto generare. "Emily, apprezzo il tuo lavoro, ma dobbiamo considerare la sicurezza del nostro team e della nostra testata," disse, il tono misurato ma fermo.

"Mi stai suggerendo di abbandonare la storia?" chiese Emily, incredula. "La gente deve conoscere la verità!"

"La gente ha anche bisogno di sapere di essere al sicuro. Non possiamo permetterci di mettere in pericolo i nostri giornalisti per una storia che potrebbe portare alla violenza," rispose, la voce calma ma risoluta.

In quel momento, tutto divenne chiaro. Emily si rese conto che si trovava a un bivio—non solo come giornalista, ma come persona. Voleva perseguire la verità a qualsiasi costo, anche a rischio della propria vita? Oppure c'era un altro modo per sostenere il cambiamento senza gettarsi nel fuoco?

Passarono i giorni mentre lottava con la propria decisione. Ogni giorno si recava in ufficio, sentendo il peso della sua responsabilità su di lei. Poi, ricevette una chiamata da un collega che aveva lavorato sul passato del senatore. "Ho trovato qualcosa di significativo," disse. "Potrebbe cambiare tutto."

Un'eccitazione la pervase, ma altrettanto rapidamente, il dubbio si insinuò. E se queste fossero le prove che l'avrebbero condotta al pericolo? E se perseguirle significasse tradire i propri principi etici?

Con una risolutezza appena ritrovata, Emily incontrò il collega, che le presentò documenti che delineavano una traccia finanziaria collegata direttamente alla corruzione del senatore. Le prove erano convincenti, ma invece di esultare, Emily provò un senso opprimente di terrore. Si rese conto che non poteva più separare la sua identità professionale dalla sua bussola morale.

Dopo una notte angosciante di riflessione, Emily prese una decisione. Avrebbe scritto l'articolo, ma avrebbe anche sottolineato la necessità di responsabilità nel giornalismo. Non solo avrebbe smascherato la corruzione, ma avrebbe promosso pratiche giornalistiche etiche, evidenziando l'importanza della sicurezza per i reporter e le implicazioni del loro lavoro sulla società.

Quando l'articolo fu pubblicato, suscitò un'ondata di attenzione mediatica. Seguirono proteste pubbliche, che chiedevano responsabilità al senatore. Mentre le indagini iniziavano, Emily restava vigile, consapevole dei pericoli potenziali che si nascondevano nell'ombra.

In tutto ciò, imparò che la verità non era sempre bianca o nera. Il successo nel giornalismo non riguardava solo la scoperta di notizie o l'ottenimento di riconoscimenti; si trattava di navigare nelle complessità dell'umanità e della responsabilità che derivava dall'esercitare tale potere.

Nelle settimane successive, Emily affrontò scrutinio e supporto in egual misura. Divenne una voce per il giornalismo etico, partecipando a dibattiti e discussioni sulle responsabilità dei giornalisti nell'era del sensazionalismo. Il percorso era tutt'altro che concluso, ma sentiva una nuova consapevolezza accendersi in lei—un impegno rinnovato a bilanciare ambizione e integrità.

Seduta nel suo ufficio una sera, riflettendo sulle ombre del dubbio che un tempo l'avevano perseguitata, sentì una chiarezza attraversarla. Le sfide inaspettate che aveva affrontato l'avevano forgiata in una giornalista più forte, una che comprendeva l'intricato equilibrio tra verità ed etica.

Alla fine, Emily riconobbe che il cammino di un giornalista era pieno di complessità, ma era anche illuminato dalla possibilità di cambiamento. Le storie che raccontavano avevano il potere di rimodellare le vite, di rendere responsabili i potenti e di dare voce agli emarginati. E mentre abbracciava questa comprensione, sapeva che avrebbe continuato a navigare nelle acque torbide della sua professione, guidata dal suo impegno per la verità, l'etica e l'impatto profondo del suo lavoro sul mondo.

Vocabulary List

Italian Word	English Translation
giornalismo	journalism
corruzione	corruption
indagine	investigation
pericolo	danger
verità	truth
responsabilità	responsibility
integrità	integrity
dubbi	doubts
rischiare	to risk
etica	ethics
successo	success
compromesso	compromise
fondo	background
pressioni	pressures
collega	colleague
prove	evidence
pubblicare	to publish
sicurezza	safety
potere	power
società	society

Questions about the Story

1. What was Emily investigating?
   a) A new tech invention
   b) A high-profile corruption case
   c) An environmental disaster

2. Who warned Emily about the dangers of her investigation?
   a) Her editor
   b) Her friend Tom
   c) Her anonymous source

3. What dilemma did Emily face regarding her career?
   a) Choosing between safety and exposing the truth
   b) Deciding to change her profession
   c) Choosing to work for a different publication

4. What did Emily emphasize in her published article?
   a) The importance of profit in journalism
   b) The need for accountability in journalism
   c) The rewards of becoming a famous journalist

5. How did Emily feel after facing the challenges of her investigation?
   a) She felt more doubtful
   b) She felt a renewed sense of purpose
   c) She felt regretful about her choices

Answer Key

1. b
2. c
3. a
4. b
5. b

Il Viaggio Interiore

Dopo settimane di notti insonni e dolore, Mia si trovava all'inizio del sentiero del Silver Peaks National Park, il suo zaino pesante di provviste e il cuore gravato dai ricordi recenti. A ventisette anni, sentiva il peso della sua recente rottura con Mark premere su di lei, un senso di perdita che le era entrato nelle ossa. Erano stati insieme per quasi cinque anni, e la fine improvvisa della loro relazione l'aveva lasciata alla deriva, smarrita in un mondo che all'improvviso le sembrava estraneo.

Determinata a ritrovare se stessa, Mia aveva deciso di intraprendere un'escursione solitaria—un'opportunità per fuggire dalla città e immergersi nella natura, per riconnettersi con quella persona che aveva perso nel tumulto della separazione. Aveva tracciato un percorso attraverso le pittoresche montagne, intenzionata a mettersi alla prova fisicamente, sperando che la solitudine le concedesse la chiarezza che cercava disperatamente.

Le prime ore sul sentiero erano liberatorie. L'aria frizzante di montagna riempiva i suoi polmoni, rinvigorendo il suo spirito mentre si inoltrava nei boschi. I colori vivaci dell'autunno la circondavano; foglie dorate svolazzavano come coriandoli intorno a lei, e il suono dei rami mossi dal vento offriva una colonna sonora rilassante. Ad ogni passo, sentiva i pesi della sua vita passata svanire lentamente, sostituiti dalla tranquillità dell'ambiente circostante.

Ma quando il sole iniziò a calare dietro le cime, proiettando ombre lunghe sul sentiero, la fiducia di Mia vacillò. Il sentiero era diventato più ripido e impegnativo, e si rese conto di non essere preparata per le sfide fisiche che l'attendevano. Si fermò per riprendere fiato e tirò fuori la borraccia, fissando lo sguardo all'orizzonte, dove le montagne incombevano come antichi guardiani.

"Posso farcela," sussurrò a se stessa, anche se nella sua voce persisteva un senso di incertezza.

Proseguendo, i pensieri di Mia tornarono a Mark. Ricordò la loro ultima conversazione, carica di dolore e confusione. "Ho solo bisogno di spazio," aveva detto lui, con parole che l'avevano ferita come un coltello. Il dolore del rifiuto riemerse, mescolandosi alla sua stanchezza fisica. "Perché non ho lottato di più?" si chiese, i suoi pensieri in un vortice.

All'improvviso, il cielo si oscurò e un vento freddo attraversò gli alberi, scuotendo le foglie in un frastuono che sembrava stranamente vivo. Mia esitò, sentendo un brivido correre lungo la schiena. Guardò l'orologio e si rese conto che stava camminando da molto più tempo del previsto. La luce che si affievoliva le fece capire che doveva trovare un posto dove accamparsi per la notte.

Decisa a cercare un riparo, seguì un sentiero stretto che sembrava allontanarsi dal percorso principale. Era un rischio, ma l'idea di un luogo appartato era troppo allettante per resistere. Man mano che si addentrava nel bosco, il paesaggio si trasformava; i pini torreggianti la circondavano come una fortezza e l'aria si riempiva dell'odore della terra umida e degli aghi di pino.

Dopo un po' trovò una piccola radura, abbastanza ampia per montare la sua tenda. Sollevata, si mise al lavoro, le dita agili mentre manovrava il tessuto della tenda. Il sole era ormai tramontato, lasciando dietro di sé una tavolozza di blu profondi e viola. Quando la notte calò, le prime stelle iniziarono a scintillare sopra di lei, illuminando il cielo con un bagliore gentile.

Sistemata nella tenda, Mia provò un momentaneo senso di soddisfazione. Ma mentre srotolava la sua cena—un semplice panino e un po' di mix di frutta secca—la sua mente vagò di nuovo nel passato. Il silenzio della foresta era interrotto solo dal leggero fruscio delle foglie e dal canto occasionale di un gufo. Per la prima volta da molto tempo, si sentiva veramente sola.

Improvvisamente, un forte tuono esplose sopra di lei, facendola sobbalzare. La calma notturna si trasformò in caos mentre nuvole scure si addensavano sopra, cariche di pioggia. Il panico le pervase mentre cercava di fissare meglio la tenda. La pioggia iniziò quasi immediatamente, bagnandola nel giro di pochi istanti.

"Mia, fatti forza!" si rimproverò, lottando contro l'impulso di lasciarsi prendere dalla paura. Era a chilometri dalla civiltà, e la realtà della sua situazione iniziò a farsi strada in lei. "Perché ho pensato di poterlo fare da sola?"

Con la pioggia che martellava contro il tessuto della tenda, si rannicchiò nel sacco a pelo, il cuore che batteva forte. Le ombre del dubbio si insinuarono, alimentando le sue insicurezze. I ricordi della sua relazione con Mark riemergevano prepotentemente, e il dolore che aveva cercato di fuggire la travolse come la pioggia. Ogni goccia sembrava riecheggiare le parole che avrebbe voluto poter ritirare—i litigi, i malintesi, i momenti di silenzio che avevano punteggiato il loro amore.

Mentre la tempesta infuriava fuori, qualcosa dentro di lei iniziò a cambiare. Invece di cedere alla disperazione, chiuse gli occhi e prese respiri profondi, concentrandosi sui suoni intorno a lei. La pioggia diventò un ritmo, un battito che le ricordava di essere viva. Il vento fischiava tra gli alberi, una sinfonia naturale che sembrava parlarle in una lingua che solo lei poteva comprendere.

"Va bene, Mia," sussurrò, sentendo una nuova determinazione. "Sei più forte di questo. Hai affrontato sfide ben peggiori."

In quel momento di introspezione, capì che il suo viaggio non era solo una semplice escursione fisica—era un modo per affrontare le sue paure e il peso emotivo che portava dentro. Le difficoltà incontrate sul sentiero rispecchiavano quelle che aveva affrontato nella sua relazione.

Dopo quella che le sembrò un'eternità, la tempesta iniziò a placarsi. La pioggia si trasformò in un dolce ticchettio, e Mia uscì dalla tenda, fradicia ma risoluta. Il mondo intorno a lei sembrava rinnovato, purificato dalla tempesta. L'aria era fresca, la terra profumava di pini bagnati dalla pioggia.

Mentre usciva, notò qualcosa di straordinario. La luna era apparsa tra le nuvole, proiettando un bagliore argentato sul paesaggio. In quel momento, il mondo le sembrava sia familiare che nuovo. Inspirò profondamente, lasciando che l'aria fresca della notte riempisse i suoi polmoni, e si lasciò inondare dalla bellezza della scena.

"Posso farcela," ripeté, stavolta con convinzione. "Posso andare avanti."

Con una nuova chiarezza, Mia riprese il sentiero principale. Ogni passo era più leggero mentre camminava con uno scopo. Le ombre del dubbio che una volta le offuscavano la mente cominciarono a svanire, sostituite dalla consapevolezza che il suo passato non doveva dettare il suo futuro.

I giorni successivi si dispiegarono come un arazzo, ogni escursione rivelando nuovi spunti di riflessione. Mentre attraversava i terreni accidentati, Mia affrontò le sue emozioni, riconoscendo il dolore della rottura e celebrando al tempo stesso la sua resilienza. Abbracciò la solitudine, trovando conforto nella propria compagnia.

Quando raggiunse la vetta del Silver Peak, esausta ma esultante, guardò il panorama che si estendeva fino all'orizzonte, immerso nei caldi colori del tramonto. In quel momento, provò una gratitudine travolgente per il viaggio che aveva intrapreso, sia fisicamente che emotivamente.

Il viaggio era diventato un catalizzatore per il cambiamento, un promemoria che l'unico modo per andare avanti era abbracciare il viaggio interiore. Capì che affrontare le proprie paure non era un atto solitario; faceva parte di un'esperienza umana più ampia, una testimonianza della forza dello spirito umano.

Mentre scendeva dalla montagna, Mia si sentiva più leggera, come se il peso del suo passato si fosse trasformato in una brezza gentile che la guidava verso nuovi inizi. Le ombre del dubbio persistevano, ma non avevano più il potere di consumarla. Al contrario, erano diventate parte della sua storia—un capitolo essenziale nel suo continuo viaggio di auto-scoperta.

Con le luci della città che scintillavano in lontananza, Mia tornò a casa, pronta ad abbracciare il prossimo capitolo della sua vita. Aveva capito che, pur essendo il viaggio interiore arduo, era anche pieno di promesse di crescita, guarigione e del coraggio necessario per affrontare qualunque cosa la aspettasse.

Vocabulary List

Italian Word	English Translation
peso	weight
sentiero	trail
montagna	mountain
relazione	relationship
natura	nature
solitudine	solitude
dubbi	doubts
paesaggio	landscape
vetta	peak
determinazione	determination
tempesta	storm
compagnia	company
camminare	to walk
illuminare	to illuminate
viaggio	journey
spirito	spirit
passato	past
bellezza	beauty
coraggio	courage
cambiamento	change

Questions about the Story

1. Why did Mia decide to go on a solo hiking trip?
   a) To improve her fitness
   b) To reconnect with herself after a breakup
   c) To explore a new area

2. What initially made Mia doubt her decision to hike alone?
   a) She lost her way
   b) She felt unprepared for the physical challenges
   c) She ran out of water

3. What happened during the storm?
   a) Mia decided to go back home
   b) She panicked and called for help
   c) She focused on the sounds around her and calmed herself

4. How did Mia feel after reaching the summit of Silver Peak?
   a) Exhausted but grateful
   b) Disappointed with herself
   c) Eager to return home immediately

5. What did Mia realize about her journey at the end of the story?
   a) It was just about hiking
   b) It was a journey to face her inner struggles
   c) It was a waste of time

Answer Key

1. b
2. b
3. c
4. a
5. b

Il Potere del Perdono

Il sole estivo era basso nel cielo, proiettando lunghe ombre sul prato curato della casa della famiglia Hamilton. Per gli estranei, la scena idilliaca era pittoresca: fiori che sbocciavano in colori vivaci, bambini che giocavano e risate che riecheggiavano nell'aria. Ma sotto la superficie, gli Hamilton stavano lottando con un pesante fardello che durava da anni: un rancore radicato che minacciava di dividerli.

Al centro di questo dramma familiare c'era Margaret Hamilton, la matriarca, che aveva dedicato la sua vita a crescere i suoi figli in un'atmosfera di amore e sostegno. Ma anche l'amore ha i suoi limiti, e la frattura tra lei e suo fratello David era diventata un abisso incolmabile. Tutto era iniziato con una disputa sulla proprietà, una discussione sull'eredità dei genitori dopo la morte del padre. Ciò che era iniziato come una questione finanziaria era rapidamente degenerato in accuse, amarezza e una totale rottura della comunicazione.

Margaret aveva preso le parti dei loro defunti genitori, credendo che le loro volontà dovessero essere rispettate. David, invece, si sentiva tradito, convinto che Margaret avesse manipolato la situazione a suo vantaggio. I due non si parlavano da oltre cinque anni, e ogni riunione di famiglia era diventata un esercizio di gestione delle tensioni, con ogni membro che camminava sulle uova per evitare l'argomento.

Un pomeriggio di domenica, la figlia più giovane di Margaret, Lily, entrò in cucina, il viso arrossato per l'entusiasmo. "Mamma! Ho un'idea!" esclamò, la voce carica di entusiasmo. "Facciamo una riunione di famiglia!

È da tanto che non ci riuniamo tutti. Sarebbe bello rivedere tutti!"

Margaret esitò, sentendo il peso dell'assenza di suo fratello gravare nell'aria. "Oh, tesoro, non so se sia una buona idea," rispose, il cuore pesante per l'incertezza. Il pensiero di affrontare di nuovo David la riempiva di terrore. Ma guardando negli occhi speranzosi di Lily, qualcosa si mosse dentro di lei: un barlume di desiderio per la famiglia che conosceva un tempo.

"Per favore, mamma! Sarà divertente. Possiamo invitare tutti—la nonna, lo zio David, persino i cugini!" insistette Lily, il suo entusiasmo contagioso.

Dopo un lungo conflitto interiore, Margaret accettò con riluttanza. "Va bene, facciamolo. Ma dobbiamo stabilire alcune regole."

Nei giorni successivi, Margaret si immerse nei preparativi, organizzando cibo e attività mentre lottava con la sua ansia per la presenza di David. Il pensiero di rivederlo era scoraggiante; sentiva ancora il dolore del loro ultimo incontro, le parole dure scambiate come coltelli lanciati in preda alla rabbia.

Il giorno della riunione arrivò, e la casa degli Hamilton era piena di energia. I parenti arrivarono, salutando Margaret con calore, e per un momento l'atmosfera sembrava leggera, piena di risate e del suono nostalgico delle riunioni passate. Eppure, con l'avvicinarsi dell'ora in cui David era atteso, il cuore di Margaret batteva con trepidazione.

Quando David arrivò finalmente, l'aria si fece più pesante. Si fermò all'ingresso, osservando la scena con una miscela di curiosità e cautela. Il battito di Margaret accelerò, e cercò di forzare un sorriso, anche se si sentiva teso sul suo volto.

"Ciao, David," riuscì a dire, la voce leggermente tremante.

"Margaret," rispose lui in modo brusco, evitando il suo sguardo. La distanza tra loro sembrava insormontabile, come se fossero oceani separati anziché fratelli nella stessa stanza.

La riunione proseguì, piena di conversazioni superficiali e risate, ma una barriera invisibile rimaneva tra David e Margaret. Con il calare del sole, l'atmosfera cambiò. Lily, percependo la tensione, decise che era il momento di rompere il ghiaccio.

"Facciamo un gioco!" annunciò, l'entusiasmo immutato. "Che ne dite di un cerchio della verità? Ognuno può dire qualcosa che apprezza della persona alla sua destra."

La proposta rimase nell'aria, accolta con una miscela di risate e lamentele. Ma alla fine, la famiglia si sistemò in un cerchio. Quando il gioco iniziò, Margaret sentì un nodo stringersi nello stomaco. Gettò un'occhiata a David, che sedeva di fronte a lei, l'espressione indecifrabile.

Il cerchio arrivò a Lily, che sorrise allo zio. "Zio David, apprezzo il fatto che tu faccia sempre le battute migliori alle riunioni di famiglia. Fai ridere tutti!"

David sorrise alla nipote, la tensione che si allentava leggermente. Mentre il cerchio proseguiva, le persone condividevano sentimenti sinceri, intrecciando un legame di amore e connessione che ricordava a Margaret i legami che un tempo li univano.

Poi, arrivò il turno di David. Schiarì la gola, un'ombra attraversandogli il volto. "Io... apprezzo il fatto che questa famiglia sia sempre stata qui per me," iniziò, la voce ferma. "Anche quando mi sono sentito solo, so di poter contare su di voi."

Il cuore di Margaret si strinse alle sue parole, e la realizzazione di quanto entrambi avessero sofferto in silenzio la travolse. Ma mentre il cerchio continuava, sentì una spinta di coraggio. Era il suo turno.

Guardando David, prese un respiro profondo, sentendo il peso degli anni di risentimento e dolore sollevarsi leggermente. "David, apprezzo il fatto che tu abbia sempre difeso ciò in cui credi. Hai un forte senso di giustizia, e ho sempre ammirato questo di te, anche quando non eravamo d'accordo."

Gli occhi di David si allargarono di sorpresa, e per un momento i loro sguardi si incrociarono. Il peso della loro storia condivisa si trovava tra di loro come un filo fragile, e poteva quasi vedere i pensieri di lui che si muovevano nella sua mente.

Poi, con sua sorpresa, David parlò. "Apprezzo anche te, Margaret. Sei sempre stata quella che ha tenuto unita la famiglia, anche quando io sono stato difficile. Mi dispiace per come sono andate le cose tra di noi."

Un silenzio profondo cadde sul cerchio, la sincerità delle sue parole tagliava la tensione come un coltello. Margaret sentì le lacrime pungersi agli occhi, un'ondata inaspettata di emozioni la pervase.

"Anche a me dispiace," rispose, la voce tremante. "Non ho mai voluto ferirti, e mi dispiace per come è finita. Volevo solo il meglio per la nostra famiglia."

Mentre parlava, la diga del risentimento cominciò a sgretolarsi. I ricordi della loro infanzia, le risate e l'amore che un tempo condividevano, inondarono la sua mente, spazzando via l'amarezza che aveva oscurato la loro relazione.

"Mi sei mancata," ammise David, la voce bassa. "Mi manca la famiglia che eravamo."

In quel momento, qualcosa cambiò. I muri che li avevano separati per così tanto tempo cominciarono a cadere, rivelando la verità che giaceva sotto—amore, dolore e un desiderio di connessione.

Il gioco continuò, ma per David e Margaret, quel momento aveva cambiato tutto. Entrambi si resero conto che, pur essendo il percorso verso il perdono pieno di complessità, era anche un potente cammino verso la guarigione.

Con il calare del sole, che proiettava una calda luce sul raduno, Margaret sentì un profondo senso di sollievo invaderla. Le ombre del dubbio che l'avevano accompagnata per anni cominciarono a ritirarsi, sostituite dalla possibilità di un rapporto rinnovato con suo fratello.

La serata si concluse con abbracci e risate, la famiglia che si stringeva più vicina. David e Margaret si scambiarono sorrisi timidi, il percorso verso la riconciliazione che si apriva davanti a loro come una strada appena lastricata.

Nei giorni successivi, iniziarono a ricostruire la loro relazione, piano piano. Cominciarono con piccoli gesti— messaggi, telefonate e timidi inviti per un caffè. Con ogni interazione, le ferite del passato cominciarono a guarire, sostituite dalla promessa di un futuro radicato nella comprensione e nel perdono.

Attraverso il loro percorso, Margaret imparò che il perdono non è una meta ma un processo continuo, che richiede vulnerabilità e pazienza. È una forza potente che può riparare anche le divisioni più profonde, rafforzando legami che sembravano irreparabili.

Con il passare delle stagioni, la famiglia Hamilton trovò forza nelle esperienze condivise, nutrendo i legami che un tempo erano logori. Il rapporto tra David e Margaret sbocciò di nuovo, ogni passo avanti un testamento al potere trasformativo del perdono.

Alla fine, Margaret capì che la vera essenza della famiglia non risiede nella perfezione ma nella volontà di affrontare il passato, abbracciare il presente e percorrere insieme un cammino verso la guarigione. E guardando la sua famiglia intorno a sé, avvolta dal calore dell'amore, sapeva che avevano affrontato la tempesta insieme, emergendo più forti dall'altra parte.

Vocabulary List

Italian Word	English Translation
rancore	grudge
perdono	forgiveness
famiglia	family
fratello	brother
peso	burden
conflitto	conflict
eredità	inheritance
incontro	encounter
riconciliazione	reconciliation
sorriso	smile
ombra	shadow
guarigione	healing
gioco	game
tensione	tension
legami	bonds
scuse	apologies
vulnerabilità	vulnerability
presente	present
connessione	connection
abbraccio	hug

Questions about the Story

1. What initially caused the rift between Margaret and David?
   a) A property dispute
   b) A misunderstanding about family traditions
   c) A disagreement over parenting styles

2. Who suggests the family reunion?
   a) Margaret
   b) Lily
   c) David

3. What activity does Lily suggest to break the tension?
   a) A family dinner
   b) A game of truth circle
   c) A storytelling session

4. What realization does Margaret come to during the family reunion?
   a) She has missed her brother
   b) Her family has moved on without her
   c) David does not want to reconcile

5. What does Margaret learn about forgiveness at the end of the story?
   a) It is a final destination
   b) It requires continuous effort
   c) It is unnecessary in family relationships

Answer Key

1. a
2. b
3. b
4. a
5. b

Il Tessuto del Tempo

Eleanor Winters aveva sempre trovato conforto nel ritmo costante della sua macchina da cucire. Nella luce soffusa della sua piccola sartoria, incastonata tra un caffè affollato e una libreria pittoresca, trasformava rotoli di tessuto in capi che avvolgevano i suoi clienti con calore e stile. Ma ultimamente, mentre cuciva, la sua mente vagava verso i sogni irrealizzati e i ricordi che giacevano intricati nel tessuto della sua stessa vita.

Fu un mercoledì ordinario, mentre frugava in una vecchia scatola di tessuti polverosi provenienti da un'asta, che Eleanor si imbatté in un pezzo di stoffa particolare. Brillava alla luce, intrecciato con motivi intricati che sembravano cambiare quando li teneva sotto gli occhi. Incuriosita, aprì con attenzione il tessuto, rivelando una serie di simboli che assomigliavano a un linguaggio dimenticato.

Eleanor provò una strana attrazione verso di esso, come se contenesse un segreto che aspettava solo di essere svelato. Quella sera, seduta al suo tavolo, osservava il tessuto con attenzione, il cuore che batteva per l'eccitazione. Più fissava la stoffa, più sentiva una connessione con essa—un sussurro dal passato che le chiedeva di essere capito.

Determinata a scoprire i suoi misteri, Eleanor iniziò a sperimentare. Infilò la sua macchina da cucire con il tessuto scintillante e decise di creare un semplice abito. Mentre cuciva, l'ago scivolava attraverso il materiale senza sforzo, quasi come se fosse il tessuto stesso a guidare le sue mani. Ma fu solo quando terminò l'abito che accadde qualcosa di straordinario.

Non appena l'ultima cucitura fu completata, Eleanor sentì una raffica di ricordi invaderle la mente—le risate della sua infanzia nel giardino della nonna, il triste addio al funerale della madre, l'eccitazione del trasferimento in città per seguire i suoi sogni. Ogni ricordo era vivido, ogni emozione palpabile, come se il tessuto li avesse intrecciati di nuovo nella sua coscienza.

Eleanor si allontanò per ammirare il suo lavoro, l'abito che pendeva con grazia sul manichino. Ma non era un abito qualunque; era impregnato dell'essenza dei momenti della sua vita. Mentre passava le dita sul tessuto, provò un profondo senso di chiarezza. I ricordi, una volta sparsi come foglie al vento, iniziarono a intrecciarsi in una narrazione coerente.

Nei giorni successivi, Eleanor divenne ossessionata da quel tessuto. Creò una serie di abiti, ognuno più complesso del precedente, ognuno un arazzo dei suoi ricordi. Cuciva pezzi che riflettevano le sue gioie, i suoi dolori, i suoi successi e le sue sconfitte. Con ogni creazione, sentiva un rinnovato senso di scopo, come se il tessuto non fosse solo abbigliamento, ma una tela per la sua anima.

Man mano che lavorava, Eleanor iniziò a condividere il suo processo con la sua migliore amica, Clara, un'artista locale con una predilezione per l'avant-garde. Una sera, mentre sorseggiavano tè, Eleanor le mostrò il suo ultimo pezzo— un abito fluente decorato con motivi che richiamavano la bellezza di un tramonto.

"Eleanor, è incredibile!" esclamò Clara, gli occhi pieni di stupore. "Ma qual è il tuo segreto? Come riesci a infondere così tante emozioni in questi abiti?"

"È il tessuto," rispose Eleanor, la voce carica di meraviglia. "In qualche modo mi permette di intrecciare i miei ricordi nei vestiti. Quando li indosso, rivivo tutto di nuovo."

La curiosità di Clara crebbe, e insistette per provare uno degli abiti. Mentre lo indossava, Eleanor osservò con ansia. L'espressione di Clara cambiò mentre si guardava allo specchio, e per un momento sembrava persa in una sorta di reverie. "Mi sento... viva," disse Clara, la voce colma di emozione. "È come se vedessi il mio passato davanti a me."

Incoraggiata dalla reazione di Clara, Eleanor decise di organizzare una piccola mostra per presentare le sue creazioni, invitando amici e membri della comunità. La chiamò "Il Tessuto del Tempo," una celebrazione delle storie intrecciate in ogni abito.

Con l'avvicinarsi del giorno, Eleanor lavorò instancabilmente, realizzando pezzi che rappresentavano non solo i suoi ricordi, ma anche quelli dei suoi amici e della sua famiglia. Invitò tutti a condividere le proprie storie, incoraggiandoli a esprimere le proprie esperienze attraverso la sua arte. Ogni capo divenne un contenitore di memorie: gioiose, dolorose e tutto il resto.

La sera della mostra, la sartoria era piena di energia. Amici, vicini e curiosi riempivano lo spazio, le loro risate e conversazioni che si mescolavano con le melodie soft di sottofondo. Le pareti erano adornate con fotografie delle creazioni di Eleanor, ognuna accompagnata da una breve descrizione dei ricordi che l'avevano ispirata.

Mentre gli ospiti ammiravano gli abiti, Eleanor provò un'ondata di orgoglio. La sua arte era diventata un canale di connessione, permettendo agli altri di riflettere sulle loro vite attraverso il tessuto che aveva creato. Quando Clara salì per sfilare con uno degli abiti, il pubblico rimase in silenzio. Clara si girò, e mentre si muoveva, il tessuto sembrava prendere vita, brillando delle storie intrecciate nelle sue fibre.

"Quello che amo di più," iniziò Clara, la voce che risuonava nella stanza silenziosa, "è che siamo tutti connessi dalle nostre esperienze. Eleanor ha trasformato i nostri ricordi in qualcosa di tangibile, qualcosa che possiamo indossare. È un promemoria che il nostro passato ci forma, ma non ci definisce."

Man mano che la serata avanzava, Eleanor osservava le persone abbracciare le proprie vulnerabilità, condividendo le loro storie di amore, perdita e resilienza. La mostra divenne un'esperienza catartica, un arazzo di memoria collettiva che riunì la comunità in un modo profondo.

Ma mentre la notte proseguiva, un'ombra familiare tornò nel cuore di Eleanor. Nonostante la gioia della mostra, sentiva una tensione sottile, una paura che la magia del tessuto fosse effimera. Cosa sarebbe successo quando la serata sarebbe finita? Sarebbe rimasta con i ricordi o sarebbero scivolati via come granelli di sabbia?

Quella notte, quando gli ultimi ospiti se ne furono andati e le luci si spensero, Eleanor si ritrovò sola nella sartoria, circondata dai resti delle sue creazioni. Si lasciò cadere su una sedia, sopraffatta dalla stanchezza. Nel silenzio, sentì il peso del suo viaggio gravare su di lei.

All'improvviso, ricordò le storie condivise durante la serata —le risate, le lacrime, le connessioni nate. Il potere del perdono si era intrecciato nel tessuto delle sue creazioni. Ogni pezzo incarnava non solo il suo passato, ma anche i ricordi collettivi di coloro che amava. Capì che mentre il tessuto poteva contenere ricordi, era sua responsabilità portarli avanti, custodirli e lasciarli ispirare il suo futuro.

Il giorno successivo, si svegliò con un rinnovato senso di scopo. Il tessuto le aveva insegnato che i ricordi non sono solo da preservare, ma da onorare e condividere. Decise di continuare il suo lavoro, non solo come sarta, ma come narratrice—una che avrebbe tessuto racconti che univano le persone e celebravano i loro percorsi.

Eleanor iniziò a creare una serie di workshop dove le persone potevano riunirsi per creare abiti che incarnassero i propri ricordi. Ogni partecipante sarebbe stato incoraggiato a condividere le proprie storie, creando un ricco arazzo di esperienze che sarebbe stato celebrato nella comunità.

Man mano che intraprendeva questo nuovo capitolo, Eleanor sentì l'ombra del dubbio svanire, sostituita dalla luce della possibilità. Il potere del perdono aveva trasformato non solo il suo rapporto con il passato, ma anche la sua connessione con la comunità. Aveva imparato che mentre il tessuto del tempo può contenere il peso dei ricordi, è anche una tela per la speranza, la guarigione e il potenziale senza confini del futuro.

Nelle settimane seguenti, i workshop di Eleanor prosperarono, attirando persone di ogni provenienza. La sartoria era animata di creatività e cameratismo, ogni capo diventando un simbolo di resilienza e connessione. Le storie intrecciate nel tessuto risuonavano nelle risate dei partecipanti, ricordando loro che, sebbene il passato formi chi sono, non detta il loro futuro.

Mentre Eleanor stava al bancone una sera, circondata dall'energia vibrante del suo workshop, provò un profondo senso di appagamento. Il viaggio interiore l'aveva portata a un luogo di guarigione e crescita, dove il tessuto del tempo non era solo una collezione di ricordi, ma un vibrante arazzo di vita, tessuto insieme dai fili della connessione, dell'amore e del perdono.

Vocabulary List

Italian Word	English Translation
stoffa	fabric
ricordo	memory
cucire	to sew
atelier	workshop
esibizione	exhibition
abito	dress
passato	past
perdono	forgiveness
esperienza	experience
tela	canvas
emozione	emotion
artigianato	craftsmanship
ammirare	to admire
narrazione	storytelling
resilienza	resilience
cucitura	stitch
creatività	creativity
connessione	connection
potenziale	potential
comunità	community

Questions about the Story

1. What does Eleanor find in the box at the estate sale?
   a) A piece of fabric
   b) An old book
   c) A pair of scissors

2. Who is Clara in relation to Eleanor?
   a) Her sister
   b) Her best friend
   c) Her colleague

3. What does Eleanor decide to do with her creations?
   a) Keep them for herself
   b) Host an exhibition
   c) Sell them at a market

4. What is the name of the exhibition?
   a) Tapestry of Time
   b) Memories Woven
   c) The Fabric of Time

5. How does Eleanor's journey affect her?
   a) She feels doubtful about her work
   b) She finds healing and growth
   c) She stops sewing altogether

Answer Key

1. a
2. b
3. b
4. c
5. b

Printed in Great Britain
by Amazon